Turner

John Ruskin

La obra de William Turner

Traducción de
Carmen de Burgos "Colombine"

casimiro

Capítulos de *Modern Painters* (vol. III)
Obra en cinco volúmenes publicada
en Londres entre 1843 y 1860

Traducción de Carmen de Burgos en
John Ruskin, *Los pintores modernos*,
Prometeo, Valencia, 1913

Diseño cubierta: Rossella Gentile
En portada: William Turner, *La Dogana, San Giorgio, Citella desde la escalinata del Europa*,
1842, Tate Britain, Londres

Índice

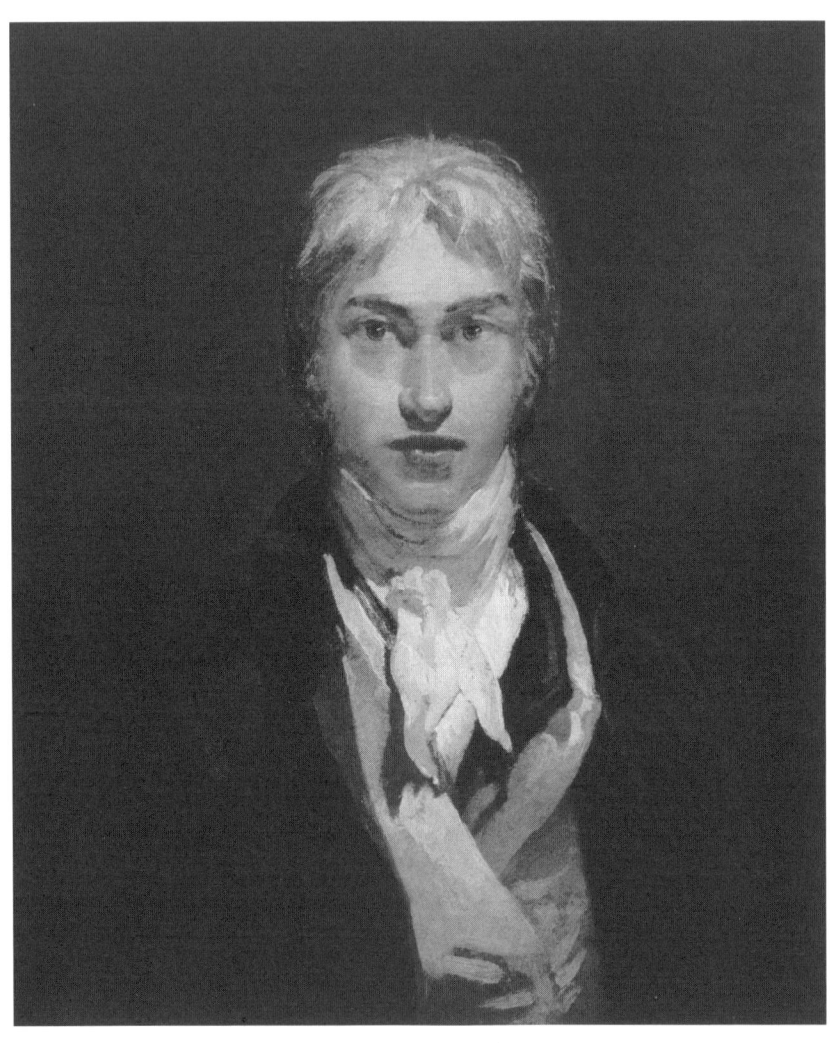

JOSEPH MALLOR WILLIAM TURNER
(Londres, 1755 - 1851)
Autorretrato, c. 1799
Tate Britain, Londres

EL PAISAJE MODERNO

Apartemos los ojos tan de prisa como sea posible de los campos y cielos serenos del arte medieval, y pongámoslos resueltamente sobre las obras más características del paisaje moderno. Lo primero, creo yo, que nos sorprenderá o que debería sorprendernos, es su aspecto *nebuloso*.

Dejamos una luz difusa, un aire perfectamente tranquilo, para transportarnos de repente bajo un cielo sombrío, barrido por el viento. Cegados por el resplandor fugitivo del sol, mojados por los azotantes aguaceros, estamos reducidos a seguir el movimiento de las sombras en las praderas o a espiar el resplandor del crepúsculo a través de las impetuosas nubes rasgueadas. Mientras que los medievales cifraban su alegría en la *estabilidad, limpidez* y *luminosidad*, nosotros debemos encontrarla en la oscuridad, en el triunfo de la mutabilidad; fundamos nuestra felicidad en cosas que cambian y se marchitan en un momento y esperamos la satisfacción más completa y la edificación más perfecta en cosas que son imposibles de detener y difíciles de comprender.

Al lado de esta inclinación general por el viento y la oscuridad, comprobamos en nuestros pintores una observación atenta de la forma de las nubes y una representación concienzuda de los efectos de la niebla. La apariencia que adquieren los objetos vistos a través de la bruma, llega a ser para ellos el objeto de una ciencia, y la representación de este aspecto adquiere una importancia primordial, bajo el nombre de perspectiva aérea. Los ocasos y salidas de sol con los efectos de nubes y brumas que los acompañan son cuidadosamente estudiados, y en el paisaje de pleno día ordinario, el cielo adquiere tanta importancia que no se duda en poner en la sombra un macizo de follaje, o completamente en primer término, con el mismo fin de realzar mejor el valor de la forma de una nube blanca. Si se quisiera determinar con una palabra el carácter del arte paisajista moderno, no se podría designar mejor que diciendo que es un "homenaje a las nubes".

Esta expresión podría aplicarse desdichadamente a nuestro arte en más de una manera. Todos los griegos hablan con elogio de las nubes, salvo Aristófanes. Siento tener que reconocerlo, ya que su referencia es desfavorable; este último es precisamente el único que ha estudiado las grandes nubes de cerca. Nos dice al principio que son "las grandes diosas de los perezosos", después que son "las soberanas de la discusión y de la lógica, de las monstruosidades y de la brillante charlatanería". Declara que los que creen en su divinidad deben al instante dudar de Júpiter y colocar su poder supremo en las manos de un dios desconocido, "el Torbellino"; describe, en fin, la influencia que ejercen sobre el espíritu de uno de sus adeptos que pretende de pronto "hablar ingeniosamente del humo".

Hay, según temo, una enorme parte de verdad en ese juicio aristofanesco, aplicado a nuestro culto moderno por las nubes. El amor al misterio que envuelve a nuestra literatura romántica, a nuestra poesía, a nuestro arte, y sobre todo a nuestra metafísica, está infiltrado de ese espíritu que el gran satírico griego define, hace tanto tiempo, como "que habla ingeniosamente del humo". Este instinto, que está particularmente desenvuelto en la pintura, puede descubrirse en cada esfuerzo, en cada ejercicio del pensamiento: la duda es fácilmente sugerida, la curiosidad fácilmente excitada, el espíritu fácilmente anulado y satisfecho por el cambio y atractivo de lo maravilloso. Todo esto, si lo comparamos con la tranquila serenidad de las antiguas costumbres y con la fe religiosa, no podría igualmente ser definido por estas breves palabras: "Júpiter destronado", el "coronamiento del Torbellino".

No solamente del torbellino, sino también de la oscuridad y de la ignorancia que concierne a los hechos. Este sombrear el primer término para realzar el valor de la nube blanca expresa, en cierto sentido, de qué manera subordinamos los hechos simples y positivos a las hipótesis más inseguras. Si llevamos la comparación más lejos nos sorprenderá otra profunda diferencia entre el paisaje medieval y el moderno. Los primitivos no piensan nunca más que en representar un objeto *lo mejor posible*. Esto podría no ser logrado algunas veces, como hemos visto en las rocas, pero era *lo mejor posible* y siempre perfectamente claro. Las hojas, los animales, los hombres, eran ejecutados con el mismo cuidado, la misma claridad, y todos sus caracteres esenciales eran puestos en relieve. Si se trataba de un roble, se podían distinguir las bellotas; si de una piedra de sílex, las vetas; si de un brazo de mar, los peces aparecían en él; si de un grupo de personas, en los rostros y las costumbres estaba representada hasta la más sutil expresión, hasta el último detalle que el autor pudiese incluir en su marco, en último o en primer término. Pero hoy nuestro ingenio se ha convertido "en humo". Es lo único que se representa fielmente; todo lo demás es vago, superficial y delineado todo lo de prisa posible. El primer término, el más próximo no contiene, si lo examinamos, ninguna hoja perfecta; el roble no tiene bellotas, el rostro de los personajes apenas está indicado por una mancha roja. También a esto se aplican las palabras de Aristófanes con gran justicia; las nubes parecen ser las "grandes diosas de los perezosos".

Lo primero que notaremos, después de esta predilección por las nubes, es el amor por la libertad. Mientras que los medievales se encerraban siempre en sus castillos y tras sus fosos, y pintaban escrupulosamente cada ladrillo de sus muros, cada flor de sus canteros, nuestros artistas modernos prefieren los extensos campos y eriales, menosprecian los setos de las laderas, y no representan más que árboles que crecen libremente y nos que trazan su lecho "siguiendo su caprichosa voluntad". Evitan el formalismo hasta en los menores detalles, quiebran y desordenan la construcción, a la que los primitivos hubiesen puesto cuidadosamente los cimientos, dejan salvajes los matorrales que hubieran tallado meticulosamente, y por tanto, el amor a la libertad hasta la licencia y el amor a lo salvaje hasta la ruina, se complacen en todos los aspectos de la decrepitud y del abandono que libertan a la Naturaleza de la autoridad del hombre. El liquen reemplaza a las tapicerías en los muros del castillo y en los jardines las rosas están ocultas bajo las espinas.

Asociado a este amor por la libertad, comprobamos una interesante predilección por las montañas. Nuestros pintores exploran las regiones más salvajes del globo en busca de primeros términos hendidos y de lontananzas violetas. Algunos se contentan con sauces enanos y paisajes llanos, pero son artistas de tercer orden. Los grandes maestros, no ignorando completamente la belleza de los llanos, consagran sus más preciosas energías para representar picos alpinos y promontorios italianos. Es notable que con este amor a las montañas no se mezcle ningún temor, ninguna idea de piadosa meditación, como en los medievales. Es libre, audaz, lleno de entusiasmo y completamente espontáneo. El pintor estará dispuesto a dar animación a su primer término montañoso, colocando en él la figura de un deportista antes que una ermita, y nuestra sociedad moderna va en general a la montaña, no para ayunar, sino para regocijarse y dejar después los hielos cubiertos de huesos de pollo y cáscaras de huevo.

A la ausencia de este sentimiento de solemnidad en las montañas es necesario asociar el punto de vista profano desde el cual se considera todo paisaje natural, es decir, la ausencia completa de fe en la presencia de una divinidad cualquiera. Mientras que el artista medieval no pintaba nunca una nube sino con el fin de colocar en ella a un ángel y el griego no penetraba nunca en un bosque sin esperar encontrar en él a un dios, *nosotros* consideramos la aparición de un ángel entre nubes como una cosa completamente sobrenatural, y nos sorprendería profundamente encontrar un dios en cualquier lugar. Cuando pensamos en un bosque, pensamos sobre todo en la caza furtiva que se puede practicar en él.

No creemos que las nubes encierren otra cosa que cierta cantidad de lluvia o granizo; y los ánades y el berro de las fuentes son las únicas divinidades que producen nuestros estanques y arroyos.

Distinguimos, en fin, al lado de este carácter profano del pensamiento, una tendencia muy marcada, que consiste en negar el carácter sagrado del color y en enorgullecernos de nuestra oscuridad. Aunque algunas veces es crudo y violento, nuestro colorido moderno permanece generalmente sombrío, inclinándose sin cesar hacia el gris o el oscuro, y muchos de nuestros mejores pintores se lisonjean de alterarlo así, ensalzando abiertamente sus matices discretos y esfumados. En tanto que un medieval pinta su cielo de un azul esplendente, y su primer término de un verde brillante, dora las torres de su castillo y viste a sus figuras de violeta y blanco, nosotros pintamos nuestro cielo gris, nuestro primer término y nuestro follaje oscuro, y creemos haber sacrificado suficientemente al sol tolerando el peligroso resplandor de una capa roja o de una raya azul.

Tales son, según creo, las principales notas que no nos equivocaríamos en hacer si pasamos seguidamente de una sala llena de obras medievales a uno de nuestros salones reservado al paisaje moderno. Es evidente que este cambio acompaña cierta suma de bien y de mal, pero no podemos comprender en qué medida se encuentran asociados estos dos elementos más que volviendo a buscar, como hemos hecho en el resto de nuestra investigación, el origen de las variaciones

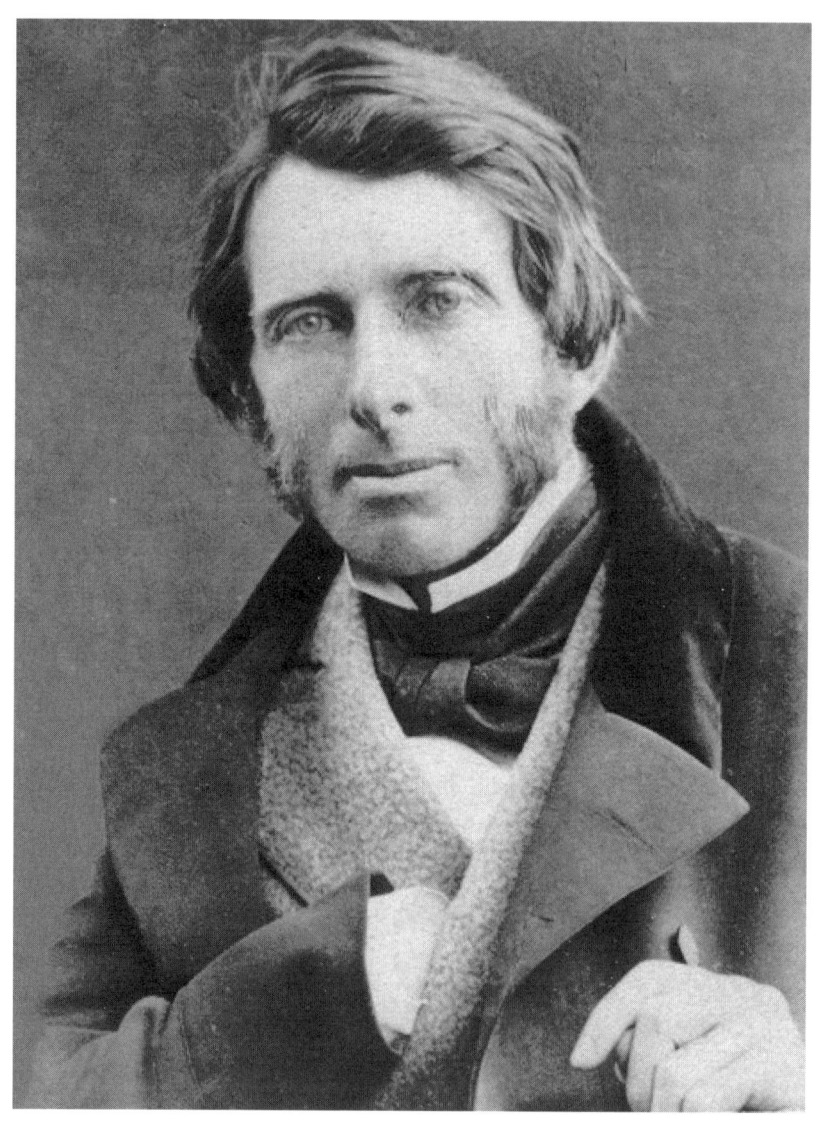

John Ruskin
(1819-1900)
Retratado en 1863

que se han operado en nuestro modo de pensar y que han afectado a nuestro arte.

Digamos, en primer lugar, que el título de "Ángel de las tinieblas" que se da a los siglos de la Edad Media es, desde el punto de vista del arte, completamente erróneo. Éste fue, por el contrario, el ángel de la luz; nuestra época es solo oscura. Me expreso con propiedad, no figuradamente. Aquéllos fueron los siglos de oro, los nuestros son de tierra en sombras.

Este error es, en parte, inconsciente en nosotros. Construimos muros de ladrillos oscuros y llevamos vestidos oscuros porque se nos ha ensenado neciamente a hacerlo así y ha llegado a ser en nosotros una costumbre. Este cambio de carácter tiene sin embargo otras causas.

En conjunto, nuestra época es mucho más *triste* que la medieval, no en un sentido elevado y profundo, sino en un sentido opaco y sin encanto, de tedio, de laxitud intelectual, de enfermedad del alma y del cuerpo. La Edad Media tenía sus guerras y sufrimientos, pero también sus alegrías intensas. Su oro estaba manchado de sangre, el nuestro está cubierto de polvo. Su vida era tejida de blanco y azul, la nuestra de un oscuro uniforme. No porque no poseamos en apariencia nuestras fiestas, pero son más o menos forzadas, falseadas, corrompidas, incompletas, no salen del corazón. ¡Cómo hemos perdido, desde Shakespeare, la facultad de reír con las groseras chanzas! La delicadeza misma de nuestro espíritu da un mentís a nuestra alegría.

La razón más profunda de esta melancolía es, a mi entender, nuestra falta de fe. No ha existido nunca una generación de hombres (salvajes o civilizados) que, comprendidos en conjunto, estuviesen más "sin esperanza y sin Dios en el mundo" que la que ocupa hoy la Europa civilizada. Un pielroja o un hotentote perciben mejor la presencia divina en los objetos que le rodean y la autoridad también divina que domina a su existencia, que la mayor parte de nuestros cultos parisienses o londinenses. Y los que entre nosotros pueden, hasta cierto límite, ser considerados como creyentes, deben ser clasificados casi todos en dos sectas opuestas, romanos y puritanos, que si no fuera porque la fracción no creyente de la sociedad lo impide, se reducirían mutuamente a cenizas. El romano no ha hecho nunca otra cosa desde la Reforma siempre que ha tenido ocasión, y descuento por el momento al puritano, que destruyó a Roma por una erupción volcánica. La existencia de un antagonismo tal entre personas que pertenecen a una misma religión, es decir que creen en el mismo Dios y en la misma Revelación, no deja de constituir una grave dificultad para los hombres reflexivos y previsores, dificultad que no pueden superar sino gracias a las circunstancias más favorables durante su primera educación. Por esto todos los hombres más poderosos de nuestra época son descreídos. Los mejores permanecen en la duda y la aflicción, los peores se lanzan en un ciego torbellino, la mayor parte anda a tientas, titubea y hace lo mejor que puede el trabajo que se encuentra al alcance de su mano.

Esta falta de fe afecta a nuestro temperamento engendrando ya la tristeza, ya la ligereza, y constituyendo la última fuente de nuestros disgustos o de nuestras locuras. Es interesante el observar como nuestro carácter llega a ser variable y contradictorio. Nos sentimos al principio tristes, y buscamos los sitios campestres y solitarios, porque nuestro jardín es ya demasiado alegre para nosotros; un instante después estamos henchidos de buen humor, construimos un salón de conversación entre montañas, porque ya no sentimos respeto hacia su soledad. No sé si abundará la caza en el Sinaí, pero espero recibir de un día a otro la noticia de que alguien ha ido a cazar por allá.

Existe, en verdad, otra causa más inocente de nuestro amor a la Naturaleza.

Todos los principios del arte del Renacimiento tienden, como he explicado a menudo, a preferir la belleza a la verdad y a buscar la belleza a expensas de la verdad. El castigo de tal error, castigo que todas las leyes del universo hacían inevitable, fue que los que buscaban así la belleza debiesen perderla completamente de vista. El espíritu moderno desterró la belleza, en tanto que la acción del hombre pudiese lograrla de la faz de la tierra y de la forma humana. El mismo sistema que consistía en empolvarse el cabello, mosquetearse la figura, ensanchar el cuerpo, poner hebillas en los pies, redujo las calles a muros de ladrillos y los cuadros a manchas oscuras. Un desierto de Fealdad se extendía a los ojos de la humanidad, y la persecución temeraria de la belleza llega a este resultado imprevisto: a los tacones rojos y pelucas: Gower Street y Nicolas Poussin.

Una reacción era necesaria, si subsistía aun algún vestigio de vida en la humanidad. Aunque obligado por la costumbre y la moda a producir y llevar todas sus fealdades, el hombre va hacia el campo y hacia las montañas, donde encuentra el color, la libertad, la variedad y la energía que le son siempre caras, y experimenta al recorrerlas una alegría más intensa, que no experimentó nunca. Le agradan las más salvajes hendiduras montañosas, en oposición a Gower Street; contempla con éxtasis las puestas y las salidas de sol, donde brillan el azul, oro y violeta que no adornan ya la armadura de los caballeros y el pórtico de las iglesias; recoge preciosamente en su herbario las flores que los cinco órdenes de la arquitectura han desterrado de sus puertas y ventanas.

El poco cuidado que tenemos de la belleza humana –otra gran característica moderna– contribuye a acentuar ese sentimiento en dos maneras. Primero, apartando de la figura humana todo pensamiento respetuoso, haciéndonos considerar al hombre no como el rey del universo y la corona de su gracia, sino como una criatura esencialmente fea y ridícula, que pasa por el mundo lo mejor posible y le daña con su presencia. En la Edad Media sólo el vicio podía ser ridiculizado, la verdad presentaba siempre un aspecto elevado, a quienquiera que perteneciese. Hoy la virtud puede estar en tan miserables criaturas, que se presta en todo como blanco para la sátira. Y estamos temerosos de buscar la pura belleza en las flores, la pura sublimidad en las montañas.

Esta falta de belleza en las personas y en los vestidos no nos ha llevado solamente a admirar más la naturaleza inanimada. Tenemos en nosotros sin cesar el recuerdo de una belleza parada, y obedeciendo a las modas modernas y cediendo a los tristes principios de una economía y de un utilitarismo sórdido, gustamos de representarnos las costumbres de una edad caballeresca y figuramos las modas que pretendemos menospreciar y los esplendores que creemos haber abandonado sabiamente. Los muebles y personajes de nuestras novelas más populares proceden de los siglos que creemos haber rebasado en todo. El arte que se propone desenvolver nuestra época, nos parece de un realismo audaz y vulgar: mientras que las expresiones más triviales nos parecen poéticas cuando evocan la vida de nuestros antepasados o de comarcas lejanas, la descripción de nuestro medio toma a nuestros ojos un aspecto familiar.

Diferimos en esto completamente de todas las razas que nos preceden. Las demás naciones han considerado a sus antepasados como santos y héroes, tomando sus propias acciones, sus propias costumbres como tema para su arte, tanto en pintura como en poesía. Nosotros menospreciamos, por el contrario, la tontería y la violencia de nuestros padres, pero tenemos el mayor placer artístico en evocar su vida.

Los griegos y los medievales honraban a sus antepasados sin imitarlos: nosotros imitamos a los nuestros sin honrarles.

A este amor romántico por la belleza, que obliga a buscar en la Naturaleza y en la historia la satisfacción que no puede encontrar en la vida ordinaria, asociamos una pasión más racional, resultado legítimo de una potencia de atención nueva. Cualquiera que sea el móvil que nos induce a observar de cerca la Naturaleza, este trabajo recibe siempre su recompensa. Es evidente que está destinada a ser considerada por nosotros con placer y respeto, y cada hora que le consagramos resalta más su belleza y su interés cautiva más. Las ciencias naturales, aumentando y haciendo fecundos nuestros conocimientos, mediante una minuciosa precisión, han ejercido una buena o mala influencia según el carácter de los que las han estudiado. Si bien han motivado el escepticismo en el melancólico y en el orgulloso, en cambio han desenvuelto la piedad en las almas humildes y reflexivas. El abandono de las armas, que han contribuido más o menos a debilitar y a deformar el cuerpo, nos ha ofrecido las facilidades necesarias para consagrarnos a los estudios que no podían alcanzar un lugar en la vida. Numerosas vidas desperdiciadas en el campo de batalla, son hoy útilmente empleadas en el gabinete de estudios. Naciones que se agotaban constantemente en nuevos combates, no disputan más que respecto al descubrimiento de un nuevo planeta. Y la filosofía diseca las plantas y analiza con calma el polvo de un suelo que no era hollado más que por los caballos de los caballeros durante una marcha, o por una banda de merodeadores en busca de botín.

Estando los elementos de progreso y de decadencia así curiosamente confundidos en el espíritu moderno, podríamos suponer que uno de los caracteres más notables de nuestro arte sea su inconsecuencia; qué de esfuerzos serán intentados en todas direcciones, y detenidos de golpe por todas las causas posibles; que respecto a todo lo que hacemos, llegara a ser casi imposible discernir las razones que pudiéramos tener para alegrarnos o quejarnos; que todas las reglas del antiguo técnico, todos los modos de pensar serán rechazados unos después de otros; y que la crítica será perpetuamente sorprendida por sucesos que nadie podría prever y por sentimientos que nadie podría precisar.

Mientras que en nuestra investigación sobre el arte griego y medieval me ha sido posible describir en grandes líneas las acciones y los sentimientos de todos, encuentro hoy una gran variedad de caracteres.

Los unos se fundan, según mi parecer, sobre los principios inferiores y efímeros del modernismo, sobre su temeridad, su impaciencia, su falta de fe; los otros sobre sus conocimientos científicos, su nuevo amor a la Naturaleza, su culto a la franqueza y la libertad. Y entre todos estos caracteres, buenos o malos, distingo que llegan hasta nosotros periodos anteriores o transitorios y no nos pertenecen en propiedad, y otros que sin estar todavía perfectamente desenvueltos son ya nuestros y prometen crecer con fuerza y energía.

Por ejemplo, pienso que nuestro menosprecio por los colores brillantes es sobre todo el resultado de un amaneramiento destinado a desaparecer bien pronto. La vulgaridad, la melancolía o la impiedad se expresaron siempre, es verdad, por los tonos oscuro y gris, como en Rembrandt, Caravaggio y Salvator Rosa; pero nosotros no somos exclusivamente vulgares, melancólicos o impíos, y si lo fuésemos, en tanto que modernos, no estaríamos de ninguna manera obligados a seguir siéndolo. Nuestros espíritus más distinguidos, tristes o alegres, se complacen, como los grandes hombres de todos los tiempos, en admirar los matices brillantes. El colorido de Scott y de Byron es armonioso y puro, el de Keats y Tennyson es aún a veces demasiado rico. Si no triunfamos en la práctica es la consecuencia fatal de la parálisis en la que nos han sumergido, desde el punto de vista técnico, el amaneramiento y la ignorancia del Renacimiento. La sola diferencia sólida que distingue a los primitivos de los modernos, desde el punto de vista del colorido, es que estos últimos han adoptado ciertos matices nuevos que les agradan, porque expresan esa melancolía propia de su carácter pensativo y sentimental y porque ofrecen una mayor variedad de tonos al servicio de su ciencia más desenvuelta.

Asimismo, si nosotros llegamos a tener el suficiente buen sentido para vestirnos racionalmente y con gracia, para hacer de la salud uno de los fines esenciales de la educación y para embellecer nuestras calles, una gran parte del encanto superficial que el pasado ejerce hoy sobre nosotros no tardará en desaparecer. El hecho de que nosotros vivimos después del fatal siglo XVII no es una razón suficiente para que nos desinteresemos para siempre de la escultura o que permanezcamos insensibles ante los hermosos bordados. No se debe a que prefiramos hoy envenenar nuestras noches con los placeres y nuestros días con el trabajo, prolongando nuestros bailes hasta el alba y nuestra labor hasta el crepúsculo, el que no podamos ya nunca aprender a usar justamente del depósito sagrado de nuestra fuerza, de nuestra belleza y de nuestro tiempo, que nos ha sido confiado. Cualquiera que sea el encanto que refleje el pasado, podríamos en este caso compararle al esplendor de nuestra vida actual y los sentimientos románticos evocados por las épocas lejanas se reducirán a la atracción natural que acompaña a todo objeto extraordinario, al respeto que una noble nación testimonia siempre a sus antepasados y al esplendor encantador que las razas, como los individuos, deben percibir cuando contemplan los días de su infancia.

La ligereza con la cual es considerado el paisaje natural por un gran número de contemporáneos, no puede tampoco ser considerada como esencialmente característica de nuestra época, porque no existe en sus espíritus más distinguidos. Todos los hombres que poseen cierta potencia intelectual deben ser serios, sea cualquiera la época a que pertenezcan; en todos nuestros grandes escritores, sin excepción, aparece cierto grado de respeto hacia un paisaje bello, aun en el que nos ha hecho reír tan a menudo y que nos ha conducido hacia el valle de Chamonix y hacia la playa, para dar allí a sus héroes la paz después del sufrimiento y para cambiar su venganza en piedad. Sólo las naturales sombras groseras o frívolas perjudican a la presencia de una montaña; y no podemos tachar a toda una nación de ligereza porque encierre a los muchachos en vacaciones en un Gabinete de Representantes.

No debemos, pues, esperar el volver a encontrarnos un poeta o un pintor que represente él solo el conjunto de las cualidades, debilidades e instintos contradictorios que dominan y ofuscan nuestra vida moderna. Pero si la Providencia nos ofrece en un hombre el tipo de nuestra época (como nos ofrece en Homero y Dante los tipos del espíritu clásico y medieval), podemos esperar encontrar en él todo lo que encierra de fecundo y sólido, así como esas debilidades características de la nación que son compatibles con la grandeza de su espíritu, como el amor por las murallas y horror por las montañas eran compatibles con el genio de Dante.

Esto no es todo. Como la admiración de la humanidad se ha apartado en gran parte de los hombres para volverse hacia las montañas, y las emociones humanas para volverse hacia los fenómenos naturales, debemos esperar ver al esfuerzo artístico conducirse en la misma dirección. En tanto que los más grandes pintores clásicos y medievales, dedicados enteramente a la representación de la humanidad, no nos ofrecen más que muy poco que examinar en el paisaje, los más grandes pintores de los tiempos modernos se consagraron casi exclusivamente a su culto. Pero si las palabras exceden a la pintura en la expresión de las emociones humanas, la pintura excede a la poesía en la representación de los espectáculos de la Naturaleza; podemos, pues, esperar a ver al pintor y al poeta invertir sus papeles para expresar el espíritu de su tiempo. El pintor adquirirá más importancia; el poeta tendrá menos. Y las relaciones que unirán a nuestros grandes representantes de la pluma y el pincel en nuestra época –Scott y Turner– diferirán, en más de un punto, de las que unen a Homero con Fidias y a Dante con Giotto.

Éstas son las relaciones que vamos a examinar al presente.

No intentaré ahora, como he hecho al tratar de Homero y de Dante, de analizar completamente todos los sentimientos que se pueden descubrir en los pasajes que Scott consagra al paisaje. Esto exigiría un volumen. Me contentaré con indicar los grandes rasgos que separan a su carácter del de Dante. Examinaremos en seguida con más detalles no el paisaje literario, sino la pintura de paisaje, que debe reflejar tan bien o mejor las tendencias de la época.

Reparad primero el punto de vista en el cual Walter Scott se coloca. Para él la Naturaleza no está muerta, ni es simplemente material como lo es para Homero. No está modificada por sus propios sentimientos, como creen Keats y Tennyson. Tiene, según él, alma, emociones que le pertenecen en propiedad, totalmente independientes de la presencia del hombre o de las pasiones humanas, un alma que Scott ama, con la que él simpatiza, como simpatizara con su semejante, olvidándose completamente de sí mismo, humillando su humanidad ante lo que para él representa la vida de la Naturaleza:

" ¡Qué no puede decir este espino solitario de los cambios ocurridos en la cañada ancestral desde el tiempo en que –tan gris y tan romo hoy– besaba a cada soplo de la brisa un tallo lleno de savia! ¡Qué no puede decir la sombra profunda que lanzan mil ramas enlazadas al pie del gran roble, y cómo se agarra a la roca y levanta a través del follaje su cabeza coronada de hojas estrechas y de bayas rojas!"

Scott no insiste sobre el carácter gris y romo del espino, porque experimenta en ese instante una disposición melancólica y obstinada; ni sobre el regocijo que siente al caminar entre el serbal por el que era inclinado a la alegría o a la curiosidad. Pero vuelve a sentir por cada uno de ellos el mismo interés que experimentaba frente a un anciano o a un joven muchacho trepando por una roca; su simpatía por una y otra edad le hace olvidarse de sí mismo.

No hay en esto "mentira patética", porque no existe en Scott ninguna pasión que le lleve a alterar la Naturaleza. No experimenta la pasión del amante que le haría creer que el "pie de alondra" espera el ruido de los pasos de su dama; no experimenta la pasión de la avaricia que le haría tomar la caída de las hojas muertas por una lluvia de oro; pero comparte, con casi todos los modernos, una costumbre de pensar que no es, en último caso, más que el sentimiento instintivo que los hombres deben tener de la presencia divina, sentimiento que no se formula necesariamente creyendo. Engendra, según hemos visto, en los griegos, el culto a los dioses elementales; en Dante y en los medievales evoca la omnipresencia de los ángeles; en los modernos, no crea ninguna forma perfecta, no implica ninguna existencia, ninguna operación divina no produce más que una vaga animación del objeto natural, en la que se cree apenas, pero a la cual se asocia un gran interés y una viva simpatía.

Este sentimiento es general en nosotros: su profundidad varía según la grandeza del alma que lo encierra; es excepcionalmente intenso en Scott, y su ternura infinita y el auxilio de su ardiente simpatía le permite rechazar toda tendencia que le llevaría a caer en la "mentira patética". En lugar de subordinar la Naturaleza a su personalidad subordina su personalidad a la Naturaleza; se contenta con seguirla, sin turbar su calma y su pureza con sus cuidados personales; la pinta con toda sinceridad, sin dejarse influir por sus pasiones y sus fantasías del momento. Parece así a menudo más superficial que otros poetas, cuando es en realidad más potente y más sano. "¿Quién soy yo –repite sin cesar– para turbar la pureza de la Naturaleza con mis pensamientos?" Hoy estoy febril y deprimido y podré ver una multitud de cosas tristes y extrañas en esa obra y flores; pero yo no he de hacer esto. ¡Dulces jacintos de los bosques! *vosotros* no parecéis tristes a la mayor parte de los hombres; no sois más que el agua luminosa y las corolas azules; no seréis otra cosa para mí, salvo que no pueda impedir el creeros con algo de vida. ¡Nadie puede impedir el creer esto!"

Este amor puro por la Naturaleza en sí misma es todavía mayor por la presencia en el poeta de los dos rasgos que hemos señalado más arriba: el amor por la antigüedad y el amor por los bellos colores y formas, amor mortificado en nuestras ciudades y que busca alimento en el desierto y en las ruinas. Estos dos rasgos se encuentran en Scott desde su infancia.

"Y el niño solitario conocía los rincones en donde crecía el alelí y en donde la madreselva se entretenía en trepar a lo largo de las hendiduras y de los muros en ruina. Eran, para mí, los lugares más deliciosos que el sol pudiese explorar."

Este amor por la antigüedad y por la belleza natural se asociaba igualmente, en Scott, con el amor por la libertad, que era la fuente de sus tendencias jacobinas, en política. Porque si hacemos abstracción de ciertas predilecciones por la propiedad de la tierra, por los grandes nombres y por la *gentlemanliness* en el sentido que los clubes dan a esta palabra, la principal razón que hace que Scott prefiera los caballeros a los puritanos es que los primeros son *libres* e *imperiosos*, mientras que los últimos son *formalistas* y *esclavos*. Su lealtad no le es inspirada por su respeto a las leyes, sino por un generoso amor por su rey; está pronto a testimoniar tanta simpatía por un turbulento *aventurero* que menosprecia la ley o se subleva contra el rey como por el rey mismo. Una sublevación abierta y valiente le place siempre; reserva su antipatía para la que tiene por causa una cuestión de forma o de principio. Soportará fácilmente una traición que se realice con la cabeza descubierta, el pecho desnudo, pero la despreciará si lleva un sombrero alto y un cuello almidonado. Políticamente, no es partidario de la monarquía más que por considerarla como el guía y la fuente de toda libertad, porque piensa que el mejor medio de librarse de las ataduras y barreras de la ley es el tener la mano de un rey, y que quiere mejor que el pueblo sea gobernado por silbidos como un clan de Highlanders en la montaña, que ser encerrado en parques o praderas cercados, como los rebaños y el ganado que el pastor ha abandonado.

La Naturaleza era, pues, querida de Scott por tres razones: porque encerraba esos testimonios del pasado que no podía encontrar en las ciudades; porque le ofrecía la libertad de sus campos, que tenía para él tanto encanto como para el medieval su jardín bien enverjado, y porque expresaba esa perfecta belleza, ausente a la vez en los hombres y en las cosas, de la que todas las almas modernas empezaban por fin a tener sed, y la de Scott, por su frescura y fuerza, más que ninguna otra.

En este amor por la belleza, el amor por el color es (como había dejado prever) un elemento dominante, siendo su espíritu demasiado sano para perder, a causa de una mala educación, el gusto por los tonos brillantes. Scott no es, como Dante, un colorista sutil, pero su placer depende completamente del color. En general, cuando quiere pasar rápidamente sobre ciertos objetos, su color será el único carácter que indicará, con tanta maestría y perfección como es posible esperar de la percepción moderna. Si tiene que describir, por ejemplo, una tempestad, no hablará, como lo haría sin duda un poeta mediocre, en forma o con sentimientos vagos; no serán, para él, ni enfurecidas ni altas como las montañas. Se contentará con trazarlas con dos rasgos de pluma, como lo hubiera hecho Tintoretto.

"La ola completamente negra está orlada de blanco, la gaviota vuela de roca en roca." No existe la forma en esto. El mérito de estas líneas es que está ausente. Al sombrío furor del mar, ¿qué forma darle sino la de esa nube oscura, de la que saltan, con intervalos regulares, los resplandores de la espuma? ¿No es esto bastante?

Sería superfluo multiplicar los ejemplos. El lector podrá fácilmente ver, en los poemas que le son familiares, la potencia de este instinto colorista. Querría, sin embargo, citar todavía un último pasaje en el que la forma está totalmente ausente, salvo en una palabra (cáliz), el cuadro que describe está compuesto por completo ya de colores, ya de esa semianimación en la cual hemos encontrado un elemento tan importante del paisaje moderno.

"El alba del estío se reflejaba en *el azul del Loch Katrine convertido en violeta*; dulcemente la brisa de Oeste besaba el lago, despertaba a los árboles, y *el lago, arrobado como una virgen tímida, temblaba de alegría sin una onda.* En su seno, la sombra de las montañas no era agitada ni inmóvil, yacía en una luminosa incertidumbre, como una alegría futura bajo la mirada del sueño. El nenúfar abría a la luz su cáliz de plata; la cierva se despertaba y conducía a su cervatillo hacia la pradera, resplandeciente como las estrellas por el rocío; la niebla gris abandonaba el flanco de la montaña; al torrente le embellecía su estrépito orgulloso. Invisible entre la bruma del cielo, la alondra emitía su canto de delirante alegría; el mirlo y el tordo se saludaban de un zarzal al otro, y la paloma les respondía arrullando sus notas de paz, de calma y de amor."

Dos notas se imponen leyendo este paisaje. La primera es que el cultivo de la historia natural, animada por la atención concedida ahora sin cesar a la naturaleza agreste, ha aumentado, por reacción, el interés del paisaje. Toma una parte importante en las descripciones de Scott y le induce a hacer el retrato de cada animal hasta con las manchas del pecho y los menores matices de emoción supuesta. Este rasgo se opone a la superficialidad de Homero, que habla de las "gaviotas que se cuidan de las cosas del mar", y a la manera en que Dante habla de los pájaros cantores sin designarlos de una manera más precisa.

La segun da y última nota que tengo que hacer concierne a la costumbre afectada por Scott de deducir una moral superficial de cada escena que describe, como si quisiera darse a sí mismo una excusa por falta de sentimiento religioso. Esta moral es casi siempre triste. En este último pasaje el autor no ha terminado su pensamiento: "En su seno, la sombra de las montañas yace... como una alegría futura bajo la mirada del sueño." Si lo hubiera hecho diría que la alegría no era más accesible que la sombra de las montañas.

Esta costumbre de sonar y moralizar vanamente sobre el tema de espectáculos poco sólidos, por primera vez en Shakespeare. Ésta es, como he dicho, una especie de compensación que nuestras conciencias modernas creen necesario darse, para suplir al franco reconocimiento de Dios en la Naturaleza. Shakespeare considera que caracteriza un espíritu "lleno de contradicciones" (*Como la amáis*, acto II, esc. VII), y esta expresión no se aplica sino muy fielmente a todos los aspectos que hemos reconocido en el espíritu moderno en general, y en el de Scott en tanto que él lo representa. La cuestión es saber ahora a qué puede conducirnos este amor por el paisaje, así comprendido, y qué uso se puede hacer de él.

Hemos, según se recordará, empezado nuestra investigación con el fin de saber si la pintura de paisaje valía la pena de estudiarse. Hemos actualmente descrito los tres principales estados de espíritu por los cuales ha pasado el hombre civilizado, y comprobamos que el paisaje ha sido muy a menudo menospreciado hasta el presente por los grandes hombres o relegado a segundo lugar. Si nos es grato hoy, es, en parte, a causa de nuestros errores, y en parte a causa de circunstancias accidentales que, según toda probabilidad, no tardarán en desaparecer. Es, pues, legítimo el que nos preguntemos si nuestro amor por el paisaje es un sentimiento saludable y permanente, o una simple crisis de salud en un estado general morboso. Si la primera alternativa es verdadera, la evolución social estará para siempre influida por su acción, y Turner, el primer gran paisajista, tomará en la historia de las naciones un lugar correspondiente en arte al que Bacon ocupa en filosofía: Bacon, que ha inaugurado el estudio de las leyes de la Naturaleza material, en tanto que antes no se estudiaba más que las leyes del espíritu humano, y Turner, que ha inaugurado el estudio del aspecto de la naturaleza material, mientras que antes no se estudiaba más que el aspecto del cuerpo humano.

LOS MAESTROS DE TURNER

Lo primero que debería hacerse, según mi parecer, para comprender el espíritu de un gran hombre y la situación que ocupa en la historia, es estudiar las circunstancias que presiden su primera educación, y la manera en que fue influido por su medio. Si entablamos estas investigaciones que conciernen a Turner, estaremos forzosamente obligados a observar las condiciones que reducen la pintura de paisajes al estado en que él la encuentra, y por consiguiente a examinar esas transiciones de estilo.

Decía más arriba que las relaciones que existen entre Scott y Turner debían diferir de una manera extraña de las que unen a Dante con Giotto. Dante y Giotto, que viven en una edad lógica consigo misma, no sufren más que una sola y misma influencia, y pueden, por decirlo así, ser considerados como el mismo genio que se revela en dos artes diferentes. Pero Walter Scott y Turner, que viven en una edad inconsecuente, sufren influencias diferentes y presentan tales oposiciones que debe considerárseles separadamente.

La principal distinción por establecer deriva de su educación. Scott tuvo la dicha de ver la suya totalmente abandonada, y de poder, desde su juventud, seguir casi en todo sus nobles instintos. Turner, por el contrario, tuvo que sufrir la enseñanza artística de la Real Academia y estuvo más de treinta años conforme con su parecer. Scott no estuvo obligado a cometer ningún error contrario a su naturaleza y expresa su pensamiento con toda simplicidad; no vacila más que en aquello que era natural que vacilara, no fracasa más que en lo que no hubiera podido lograr. Turner, por el contrario, estuvo desde el principio obligado a cometer faltas opuestas a su instinto, y se tenía gran cuidado en privarle de todo lo que hubiera podido secundar sus esfuerzos. La única cosa que la Academia hubiera debido enseñarle (el uso sencillo y seguro de la pintura al óleo) no se la enseña nunca. Pero se dedica a reprimir la sinceridad de su percepción, y a sujetar sus facultades de invención y sus gustos personales. No es más que sublevándose como logra trabajar bien, y únicamente olvidando lo que había aprendido puede saber algo.

Una de las profundas diferencias que separan al poeta del artista, deriva necesariamente de su modo de educación. Scott adquiere el poco conocimiento que poseía sobre arquitectura vagando bajo las murallas rocosas de Crichton, de Lochleven y de Linlithgow y entre las delicadas columnas de Holyrood, de Roslin y de Melrose; Turner aprende la arquitectura inmóvil en su pupitre, ante las cúpulas del Partenón y de San Pablo. Pasa una gran parte de su juventud dibujando las "vistas" de casas de campo, templos, museos y otras producciones del gusto e imaginación modernos. La única fuente de información a la que se le permite acudir para la elección de sus temas es la literatura clásica.

Mientras que Scott fue desde el principio atraído por la historia de su patria y por los campos de imaginación del arte gótico, el pobre Turner no conoció durante mucho tiempo otra fuente de inspiración que los parajes Twickenham ni otra maravilla que el estanque Virginia Water del parque de Windsor. En la edad en que el espíritu recibe sus más gratas impresiones, no se le presenta otra historia, otra poesía que la de los dioses y naciones de una lejana antigüedad, y sus modelos de sentimiento y de estilo fueron los peores y los últimos restos de la afectación del Renacimiento.

Sus primeras obras, aunque enteramente desprovistas de afectación, debían presentar, pues, ese carácter artificial que se le había impuesto. Están llenas de cosas mal hechas y mal concebidas, porque eran extrañas a su instinto. Todo lo que hizo durante su vida, porque creía deber hacerlo para ponerse de acuerdo con ciertos principios, ciertas reglas del gusto, fue erróneo y abortivo. No trabaja bien más que cuando deja de reflexionar, no se muestra potente más que cuando no hace ningún esfuerzo, y no logra alcanzar su fin más que cuando no se propone ninguno.

Una de las cosas más interesantes por observar cuando se le estudia de cerca, es la manera con que su instinto personal e inglés se libera poco a poco de las ataduras del formalismo. Como se aparta de las fuentes de Egeria para ganar los arroyos de Yorkshire; como deja las rocas homéricas, con los laureles en la cima y las grutas en la base, para trepar al fin los precipicios de los Alpes, con franjas de pinos y fortificados por los taludes formados de sus propios restos; cómo su espíritu guía al fin sus pasos desde los templos de Júpiter y el jardín de las Hespérides hacia los arcos solitarios de Whitby y las tristes playas de Holy Isle.

Como ocurre además a casi todos los grandes espíritus que son víctimas de algún mal inevitable, Turner no dejó de sacar algún provecho de esa mala educación. Adquiere así la facultad de expresar más completamente las tendencias de su época y de simpatizar con una multitud de sentimientos, una multitud de espectáculos que hubieran permanecido de otro modo estériles para él. El espíritu de Scott era tan abierto y tan capaz de simpatía como el de Turner; pero como él había estado siempre libre para escoger lo que le gustaba, Scott había llegado a ser incapaz de penetrar el espíritu de ningún tema clásico. Era exclusivamente un gótico y un escocés, y el dominio de sus sensaciones coincide, por así decirlo, exactamente con las regiones en donde crece el matorral. Pero Turner había estado forzado, desde el principio, a descubrir lo que podían contener de bueno y de justo los objetos que le disgustaban. El encanto de lejanos recuerdos iluminaba, para él, de colores luminosos, lo que a muchos otros hubiera parecido incoloro. Dibujando jardines y casas de campo al estilo paladino, había aprendido a distinguir el menor rasgo de gracia y de refinamiento que se pudiera descubrir en ellos. Hasta el término de su vida experimenta tanto placer viendo una celosía cubierta de plantas trepadoras o un cantero, como viendo un bosque o un campo agreste; espía con tanta atención, si no con tanto interés, el punto donde llega un surtidor, de una altura dada en el espacio, como la caída de una catarata alpina rompiéndose en furiosas nubes.

Las pérdidas evidentes que conviene oponer a este provecho son: primero, la pérdida de tiempo que sufre, durante su juventud, pintando temas desprovistos de todo interés: parques, villas, y en general feas arquitecturas. Luego, la manera en que consagra, más tarde, lo mejor de sus energías para composiciones clásicas, vacías de sentido, como la fundación y caída de Cartago, la bahía de Baya, Daphné y Lenippus, etcétera, que a pesar de una enorme acumulación de materiales, siguen fríos e insensibles, incapaces de producir ningún efecto saludable en el espectador, como no sea por la presentación de cualidades técnicas y por el carácter elegante de la composición. Por último, la incapacidad en que permanece hasta el fin de su vida para comprender el espíritu de una elevada arquitectura. Esos edificios paladinos y clásicos que se le había enseñado a admirar estaban enteramente desprovistos de interés y estuvo obligado, para incluirlos en sus cuadros, a desfigurarlos y a disfrazar la fealdad de sus detalles con toda especie de juegos de sombra y luz. Y como, en buen estado, estos edificios eran generalmente blancos, asocia la idea de blancura a la de una buena arquitectura, y se siente confuso y embarazado cuando le aparece gris. Esto es lo que siempre le impidió comprender el estilo gótico; era demasiado oscuro, demasiado complejo para él. Le gustaba usar el blanco con el objeto de idealizarlo y suprimir sus detalles para obtener una mayor superficie luminosa. En Venecia, y en general en Italia, escoge mal sus monumentos, y no utiliza los que escoge más que como una especie de segundo término de nubes blancas sobre el que se destacan sus grupos de brillantes barcos o la superficieincandescente de la laguna. Su educación clásica le entorpece todavía, como veremos, en más de una manera; pero es difícil precisar en qué medida están compensadas estas desventajas con la facultad de comprensión que facilita a su espíritu. No puedo figurarme lo que se hubiera producido si las tendencias de su arte hubiesen sido desde el principio más naturales y limitadas, si se le hubiera alimentado la imaginación en su juventud con leyendas góticas y no con mitología clásica: si hubiese estudiado en lugar del pórtico del Partenón la parte baja de Notre-Dame.

Es todavía más difícil el adivinar si recogió más de bueno que de malo de la pintura, en medio de la cual pasa su juventud. ¿Qué sería esa pintura y cómo hubiesen estado dispuestas a adoptar ese estilo las escuelas europeas? Tales son las preguntas que necesariamente hemos de hacernos al presente.

Hemos visto que el paisaje medieval se distinguía por un formalismo severo y por su tendencia a subordinar el cuadro natural a la figura humana. Tracemos rápidamente las diversas etapas de su emancipación.

La concepción formalista de la Naturaleza no cambia apenas hasta la época de Rafael; solo la ejecución progresa con el desenvolvimiento de los conocimientos artísticos. Aunque los árboles conservasen su rigidez y fuesen todavía frecuentemente plantados a derecha y a izquierda de las figuras principales, el artista llega a imitar su color y les hace destacarse delicadamente sobre el cielo; todos los grupos de follaje o de flores del primer término fueron dibujados con el más tierno cuidado y la más escrupulosa fidelidad. Pero cuanto mejor pintados eran los temas, tanto más absurdos llegaban a ser lógicamente. Es fácil aceptar un segundo término primitivo que represente torres y ríos colocados al azar, con una confusión chinesca; el color puede hacerlo perdonar todo. Pero cuando Ghirlandaio pinta una deliciosa vista de Venecia y sus lagunas en el segundo término de su *Adoración de los Magos*, impone un esfuerzo demasiado grande a nuestra indulgencia y a nuestra imaginación; asimismo, esos barcos ridículamente pequeños, cuya presencia puede justificarse en una lámina que representa la pesca milagrosa, son hasta donde es decible absurdos e inexcusables en el paisaje desenvuelto por Rafael; quitan toda verosimilitud a los acontecimientos.

No deja de desprenderse un cierto encanto de esta forma de paisaje, a pesar de su artificialidad. Cuanto más pienso en ello, más creo que el placer que experimentamos ante tales obras esta íntimamente asociado con nuestra costumbre de considerar el Nuevo Testamento como un bello poema, más bien que como el testimonio de hechos ciertos. El que crea profundamente que los acontecimientos que narra son verdaderos, contará con encontrar y deberá contar con encontrar verdaderos bosques de olivos detrás de verdaderas madonas, y no concederá ningún lugar a los absurdos sentimentales que quieran mezclarse con ellos.

Y no estoy tampoco seguro de si la alegría que nos ofrecen estos interesantes paisajes (cuando digo nos, me refiero en general a los aficionados al arte antiguo) proviene de su *artificialidad* más que de su veracidad. Porque si esas obras caen más audazmente en ciertos errores que las obras más recientes, afirman también más atrevidamente ciertas verdades. No conozco ningún grabado que represente el segundo término de esas pinturas religiosas lo bastante fielmente para permitir al lector el verificar esa acción, si esto no es ante las mismas obras. En el segundo término de la *Sagrada Familia*, de Rafael, por ejemplo, que se halla en la tribuna de los Oficios, en Florencia, ¿es indispensable para que tal paisaje nos guste que los troncos de los árboles estén tan derechos, tan rígidos, y que contengan las ramas tan finas como el hilo; o que el contorno de las colinas lejanas se parezca tanto a los que vemos en los dibujos de nuestra vulgar porcelana de Wedgwod? Pienso, por el contrario, que nuestro placer proviene, en gran parte, de la dulce serenidad de la atmósfera iluminada por el sol, de la semejanza que la ciudad y la torre presentan con Florencia y

Fiésole, del hecho de que las ramas demasiado delgadas presentan bellas y fieles ramificaciones y de la variedad aportada en la ejecución a cada ramillete de hojas. Todos los aficionados al arte religioso rechazarían, es verdad, con horror, la idea de sustituir un fragmento de este paisaje con otro de Cuyp o de Rubens. Pero esto no se debe a que el paisaje de Cuyp y de Rubens sea más verdad, sino a que es más *grosero* y evoca ideas más vulgares. Y se podría, creo yo, introducir en el fondo de Rafael el verdadero contorno de las colinas y el verdadero espesor de las ramas sin que le sorprendiese a nadie.

Como quiera que sea, la desgracia quiso que los sentimientos profanos del artista y su habilidad técnica se desenvolvieran al mismo tiempo. No encontramos fondos de paisaje bien pintados hasta que las figuras del primer término no han llegado a ser profanas e inexpresivas, y asociamos siempre en nuestro espíritu un hermoso paisaje a una composición desprovista de sentimiento.

El primer gran innovador fue Masaccio o Filippo Lippi. Su obra está tan confusa en la capilla del Carmine, que no sé a cuál de los dos atribuir el fondo del paisaje del fresco que representa el pago del tributo. Pero este fondo, así como uno o dos fragmentos más de la misma capilla, están muy por encima de todas las demás obras de la época que he podido examinar, desde el punto de vista de los contornos redondos y del relieve de las colinas y de la manera en que sus cimas se pierden entre las nubes. Pero este ejemplo permanece aislado en la historia de la pintura. Masaccio murió demasiado joven para acabar su obra, y sus contemporáneos habían estudiado demasiado poco el paisaje para poder sacar provecho de lo poco que él hizo. Rafael le plagia más de una figura humana, pero no parece haber sido influido por su paisaje. O bien conserva el formalismo vertical del Perugino, o bien, bajo pretexto de natural, ensancha sus horizontes con un conjunto de colinas aplanadas y casi invisible, como en la *Misión de Pedro* y en la *Pesca milagrosa*. Y en adelante, las escuelas romanas y toscanas llegaron a ser cada vez más artificiales, y se perdieron por último bajo los nichos redondos y los pórticos corintios.

Fue necesaria la atmósfera de las montañas del Norte y del mar para inspirar al corazón de los hombres la concepción de un verdadero paisaje.

Hemos visto que los flamencos, constantemente rodeados de llanos, parecían estar contentos con este espectáculo, y deberíamos naturalmente contar con ver al Ticiano y a Correggio, que viven en medio de las lagunas y llano lombardos, complacerse en reproducir este mismo paisaje al fondo de sus cuadros, con el contorno lejano de los Apeninos, de los montes Enganéens o de los Alpes. Eso no es nada. Los llanos, cubiertos de moreras y de maíz, el mar, los bancos de arena entre los cuales viven, no figuran en sus fondos más que en caso de necesidad. Uno y otro prefieren hundirse en las florestas agrestes. A Correggio le gusta ver destacarse la blancura de nieve de la carne de sus figuras y sus cabezas doradas sobre el follaje oscuro de la hiedra o del roble. Y cada vez que Ticiano puede escoger su paisaje, se inspira en las gargantas encajonadas y florestas de Cadore. Uno de los frescos de Ticiano, que decoran la pequeña capilla situada detrás de San Antonio, en Padua, y que pintó en su juventud puede compararse más fácilmente que sus obras posteriores con la manera purista de Rafael. En estos paisajes, los árboles son elevados y delicados, pero el Ticiano ha abandonado por entero el formalismo medieval y renunciado a la concepción del bosquecillo de álamos que crece en medio de una pradera. Estamos lejos de toda ciudad; al artista le gusta la soledad: los árboles crecen libremente, agrestemente; el cielo también ha perdido su serenidad; las olas de nubes le agitan, le aproximan a la tierra, y su resplandor solemne no deja de ser amenazante.

Turner saca mucho partido de la enseñanza de la gran escuela del paisaje veneciano; ésta es casi la única enseñanza que recoge del arte antiguo. Sus dibujos del *Liber Studiorum* están basados primero en la observación de la Naturaleza, pero han sido, en más de un caso, modificados por la imitación forzada de Claude Loraine y la espontánea del Ticiano. Todos los estudios de menor importancia de la colección –como el pastoril con la ninfa que toca el tamboril, aquel en que se percibe un puente a través de los árboles, aquel en que un rebaño de cabras pasa por el camino situado entre dos muros– copian la mayor parte de las necedades de Loraine; otro grupo (Solway Moss, Peat Bog, Lauffenbourg, etc) copia directamente a la Naturaleza, casi sin la intervención de ninguna influencia artística, y las obras más bellas del libro –La Gran Chartreuse, Rizpah, Jason, Céphale y una o dos más– sufren grandemente la influencia del Ticiano.

La escuela del paisaje veneciano acaba con Tintoretto en 1594, y el siglo XVI cierra, como la piedra de una tumba, el periodo del gran arte del mundo. No existe un arte absolutamente sincero o grande en el siglo XVII. Rubens y Rembrandt son sus dos maestros más potentes, pero los dos fueron afectados demasiado profundamente por los errores y el amaneramiento de su época. La influencia del Ticiano apenas llega hasta ellos. La torre del arte ticianesco cae hacia el Sur, y del polvo de sus ruinas brotan algunas malas hierbas, tales como el Domenico y los Carrachi. Su paisaje, que se le puede designar en dos palabras como "la espuma del Ticiano", no posee ningún mérito. Si mencionamos sus nombres, no es sino porque fueron los intermediarios por medio de los cuales la influencia veneciana ejércese débilmente sobre Claude Loraine y Salvator Rosa.

Salvator Rosa poseía un verdadero genio, pero su arte sufre, en su juventud, la influencia deprimente de la miseria, y en su edad madura la de la buena sociedad. Estaba dotado de una gran vitalidad animal y de una potente imaginación, pero su inteligencia y facultad de observación eran limitadas. Se deja en parte influir directamente por la Naturaleza y expresa, con vigor y originalidad, ciertos aspectos grotescos del terror, pero no supo nunca elevar su pensamiento del nivel más vulgar ni hacer en nada más delicadas sus sensaciones. Sus obras no poseen ningún valor para poder recorrer las nobles avenidas del arte. No ejercieron sino poca influencia sobre Turner, y cuando la ejercieron fue para ocultarle durante cierto tiempo, la gracia de los troncos de árboles y el pintarlos incompletos.

No sucede lo mismo con Loraine, quien puede ser considerado como el principal maestro de Turner. Las facultades de Loraine eran muy limitadas, pero sabía sentir con ternura, su objeto era sincero y opera en el arte una gran revolución. Esta revolución consiste sobre todo en el hecho de haber colocado al sol en el cielo. Hasta la época de Loraine, nadie había pensado en pintar el sol sino convencionalmente, es decir, como una estrella roja o amarilla, a menudo con una figura en medio. Éste es particularmente el aspecto que se le da en las láminas. Pero por lo general, el sol no intervenía en el cuadro o no figuraba en él sino parcialmente, rompiendo las nubes por medio de rayos casi invisibles. Quizá el honor de haber sido el primero en representar un verdadero efecto de sol en un paisaje corresponde a Bonifacio Veneciano, según su cuadro que representa el Campo de Israel. Rubens sigue inmediatamente; por una especie de fanfarronería hace seguir algunas veces a sus rayos una dirección diferente a la que sigue el sol. Pero estos esfuerzos no son más que los indicios de una tendencia que puede revelarse siempre antes de que llegue el hombre que *realice* esa tendencia. Claude Loraine se apodera de esta idea nueva, consagra su arte al sol y pinta las sombras nebulosas que proyectan sus rayos y otros efectos de delicada situación como nadie los había pintado hasta él, y desde cierto punto de vista como nadie los ha pintado al óleo después.

"¿Cómo, si esto es así, sus facultades podían ser tan mediocres?" Porque el hecho de hacer bien *una* cosa, o de hacerla mejor que los otros, no implica necesariamente grandes capacidades, es decir, un gran golpe de vista, una gran comprensión del valor relativo de las cosas, una potente imaginación. Estas cualidades son raras y preciosas. Pero existe poca gente que no haya hecho durante su vida *algo* mejor que los otros. Podría indicar una multitud de grabados de dibujantes y de pintores que poseen cada uno cierto mérito que les es propio, o que están dotados de ciertas percepciones que no experimenta nadie más o que no experimenté nunca. Éstos no son genios por eso, porque un genio no se limita nunca a un objeto, de manera que podamos decir: "Esto es todo lo que podía hacer." Si Claude Loraine hubiera sido un gran hombre, no se hubiera consagrado exclusivamente a pintar efectos de sol; hubiese contemplado la Naturaleza entera, el arte entero, y hubiera pintado sus efectos de sol algo peor, y la Naturaleza, en general, mucho mejor.

Como quiera que sea, su descubrimiento, que consiste en bañar sus telas en tonos cálidos, fue muy apreciado por los conocedores superficiales de la época. No porque les gustase el sol, sino porque les gustaban los esfuerzos. No podían apreciar el delicado color de un Ticiano o la elevada composición de un Veronés, pero encontraban delicioso ver figurar al sol en un cuadro. Y las obras de Loraine fueron adquiridas y compradas por lo vulgar, por sus verdaderos soles, como ciertos cuadros lo son hoy por los verdaderos relojes que el pintor ha colocado en la torre de sus campanarios.

Cuando llega Turner, que tiene en el corazón el más sincero deseo de pintar toda la Naturaleza, se apercibe de que la existencia del sol era un factor importante y más bien incómodo. Él amaba al sol en sí mismo, pero no pudo inmediatamente pintarlo. La mayor parte de las otras cosas no presentaban para él insuperables dificultades técnicas, pero no llegaba a sacar de su paleta esa órbita brillante y ese vapor de oro. Se dirige, pues, naturalmente a Loraine, que había logrado vencer esta dificultad; le profesa, por este hecho, un gran respeto, y llega a ser su fiel discípulo. No puedo decir hasta qué punto logra apropiarse su técnica, pero un hecho es cierto: no logra nunca igualarle desde este punto de vista. Yo creo que la manera en que Loraine poseía el color debía ser tan metódica que le era imposible imitarla completamente a un hombre como Turner, cuyo trabajo era interrumpido por una multitud de ideas extrañas a Loraine. Supongo también que Loraine había heredado de los venecianos ciertos principios para el uso del color, de los que nuestras escuelas modernas están hoy totalmente ignorantes. Turner acaba por renunciar a esta tentativa y adopta un procedimiento que podía, es verdad, darle mejores resultados que ningún otro desde cierto punto de vista, pero que no era menos incompleto, peligroso y de lo más lastimoso.

Entretanto, su espíritu se encuentra atado considerablemente por el carácter fútil de las concepciones de Loraine. Era imposible estudiar mucho tiempo tales obras sin caer gravemente en sus defectos, y el estilo de las composiciones de Turner se encuentra para siempre debilitado o corrompido. No se puede, en efecto, figurarse uno en que abismos de lo absurdo cae Loraine constantemente en sus dibujos más admirados. Por ejemplo, cuando quiere representar a Moisés y la zarza ardiendo pinta un paisaje delicioso, con una ciudad, un río, un puente, varios grupos de grandes árboles, el mar y una multitud de gente yendo a sus negocios, a sus placeres, en todas direcciones; el matorral arde tranquilamente sobre un talud en un rincón, casi en la sombra, y que solamente se percibe después de un atento examen. Necesitaría varias páginas para hacer resaltar uno después de otro los defectos de corazón, de alma y de inteligencia que implica una tal concepción: la insondable ignorancia de la naturaleza del acontecimiento y de la escena en donde tuvo lugar; la incapacidad de concebir la menor cosa que –una vez reconocida esta ignorancia– pueda tener expresión; la serenidad vaga, estúpida y pesada de esa tarde llena de sol, a pesar de los matorrales y de todas sus llamas. Dejo al lector el cuidado de meditar ya ante el cuadro de la colección de lord Ellesmere, ya ante el diseño contenido en el *Liber Veritatis*. Pero todas estas faltas derivan más o menos del espíritu del tiempo en que vivía Loraine. Su carácter personal se distingue, además, por su incapacidad para comprender el *punto esencial* de cada objeto que tenía que representar, y esto hasta en los menores detalles, incapacidad tal, que nunca ha sido igualada, que yo sepa, en la historia de la finalidad humana. Por ejemplo, en una semifigura que representa a Eneas tirando con el arco (núm. 180 del *Liber Veritatis*), a la cuerda le sobra su longitud más de la mitad, porque si el arco no estuviera en tensión sería por lo menos dos pies más larga que éste. La flecha es también demasiado larga, teniendo una longitud doble de la que la corresponde en proporción al arco, y figura bajo la mano izquierda del arquero y no encima. No diré nada del refinamiento heroico de la cabeza y del vestido: considerad solamente esta lastimosa manera de tirar al arco, y decidme si sería posible a ningún niño el dibujar la cosa con menos comprensión o de cometer más errores en el espacio dado.

Pero por sutil que haya sido el instinto de Loraine para los yerros, no tuvo la suficiente fuerza de carácter para cometerlos siempre originales: se aparta frecuentemente de su camino para recoger las puerilidades de los demás y para repetir sus absurdos. Me he visto obligado más arriba a ridiculizar un poco –creo que con respeto– los paisajes de Ghirlandaio, que sin embargo, como hemos visto, no están desprovistos de cierto encanto elocuente, si se les considera en conjunto con las nobles figuras del primer término. Pero podrías imaginar que Claudio, que tenía todos los bellos paisajes del Ticiano ante sus ojos y toda la Naturaleza a su alrededor, iba a volver a Ghirlandaio para encontrar modelos. Éste es, sin embargo, el caso. He dicho que la influencia veneciana se propaga vagamente hasta Claude Loraine, pero la influencia de la antigua Florencia le afecta claramente. El paisaje de Loraine no es, como se le supone generalmente, una interpretación idealizada de los alrededores de Roma. Es el último estado del paisaje convencional florentino más o menos embellecido por la observación de la Naturaleza. Figuraos esta manera de reproducir lo peor que habían hecho otros y de deformar todo lo que él mismo observaba, que se refleja en los árboles de Loraine, en sus rocas, en sus barcos –en todo lo que él hacia–, y preguntaos qué fruto podía recoger de tal enseñanza un joven que era al mismo tiempo un discípulo respetuoso. Como ya he dicho, Turner no se libra nunca de esta influencia; sus composiciones fueron siempre amaneradas, frías y aun a veces necias. No crea obras elevadas más que cuando la presencia inmediata de la Naturaleza llega a neutralizar sus recuerdos de escuela.

No hay casi nada que decir de la influencia ejercida sobre Turner por Gaspar y por Nicolas Poussin y su acción en la pintura del paisaje en general no es apenas más importante. Nicolas Poussin tenía elevadas facultades para la composición; hubiera podido llegar a ser un gran pintor si hubiese sido educado en Venecia, pero su educación romana limita su arte. Su rígida severidad se oponía a las tendencias de su época, y tuvo menos imitadores que el ardor de Salvator Rosa y la bruma de Claude Loraine. Sus limitados discípulos no poseían ni su ciencia ni su imaginación, y la escuela del paisaje italiano se apaga entonces.

Algunas reminiscencias de Nicolas aparecen a veces en las esculturas de los primeros términos de Turner, y el hermoso *Triunfo de Flora*, en el Louvre, le revela sin duda, por primera vez, el partido que se puede sacar de las flores en el paisaje. Dudo que haya copiado en algo a Gaspar. Todo lo que este último hubiera podido ensenarle, concerniente a los grupos de follaje y a las lontananzas doradas, hubiese podido aprenderlo, creo que lo aprendió, del Ticiano.

Entretanto, una escuela inferior, pero con más vida, se había desenvuelto en el Norte. Cuyp había pintado los efectos de sol tan fielmente como Loraine, extendiendo su luz sobre un paisaje más común, pero mucho más sincero. Además, los efectos de luz de De Hooghe y de Rembrandt presentaban ejemplos que no podían ser igualados con los que ofrecía el arte del Sur. Es evidente que Turner los estudia con el mayor provecho desde todo punto de vista. Estos maestros neutralizaron en él el idealismo de Loraine, y le mostraron el poder que ejerce la sencilla verdad, aun cuando sea de una naturaleza muy íntima. Se esfuerza en imitarlos en más de un lienzo, y en los que se mide con Cuyp, son obras sanas y elevadas –como la mayor parte de las obras del mismo Cuyp–, fieles estudios de barcos holandeses en un tiempo sereno. De Hooghe era demasiado preciso y Rembrandt demasiado oscuro para copiarlos en el mismo grado; pero no aprovecha menos su enseñanza.

Turner pinta, por último, un gran número de lienzos a la manera de Vandevelde (que era en esta época el más célebre pintor de marinas), lo que le perjudicó grandemente. A este estudio de Vandevelde debe el pintar el mar demasiado gris y opaco hasta el fin de su vida. No parece haber tenido nunca una percepción tan exacta del color del mar como la tuvo para todo lo demás. Pero luego comprende la debilidad en las formas de las olas de Vandebelde, y sustituye su superficie mezquinamente dividida por una ola maciza.

Tales son los maestros a los cuales Turner consagra lo mejor de su actividad durante su juventud. El examen más o menos concienzudo dc las obras de Reynolds, Loutherbourg, Wilson, Gainsborough, Morland y Wilkie, llegaba alguna que otra vez a interrumpir el curso de sus estudios. No cesa de manifestar un curioso interés por los más modestos éxitos conseguidos por sus colegas de la escuela moderna del paisaje. Nos resta el fijar la situación de esta escuela contemporánea, cuando Turner, guiado o extraviado según el caso por el estudio de los maestros antiguos, empieza a preguntarse lo que le queda que hacer.

Las escuelas ya muertas del paisaje, que comprenden las obras de que acabamos de hablar, pueden dividirse de una manera general en septentrionales y meridionales: las escuelas holandesas, más o menos naturales, pero vulgares; las escuelas italianas, más o menos refinadas, pero absurdas. Loraine poseía cierta gracia fantástica y Gaspar cierta dignidad lúgubre, pero sus obras no se asemejaban en nada a lo real. Un canal o una cabeza de ganado de Cuyp encerraba, por el contrario, más de una verdad, pero sus verdades no salían de la zanja y de la granja. La gracia de la Naturaleza y su melancolía, sus rasgos íntimos y sagrados, las manifestaciones de su poder y de su cólera, no habían sido jamás pintadas. *Ningún* objeto había sido tampoco reproducido con *amor*, porque los holandeses e italianos tenían esto de común, que pintaban siempre para hacer su *cuadro*, para mostrar cómo sabían copiar el sol, disponer de las masas o enumerar las bagatelas, nunca por amor al espectáculo en sí mismo o con el fin de conservar un recuerdo.

Puede considerarse la actividad de todas estas antiguas escuelas del paisaje como los esfuerzos hechos por un técnico decadente para descubrir algún nuevo dominio en que pudiese aplicarla. El amor hacia la Naturaleza no existía en esta época; la busca de la originalidad debía tener lugar. Y es así que estas viejas escuelas terminaron por extinguirse, dejando un intervalo casi totalmente vacío entre ellas y las verdaderamente modernas. Del fondo de este abismo crece la nueva escuela; no es injerto de la antigua; crea todo desde el origen, empezando por sencillas aguadas de tinta China, realizadas con el amarillo o moreno, marchando a tientas hacia el color.

Pero esta escuela, todavía en la infancia, difiere esencialmente de la antigua en que estaba inspirada por el amor. Por débiles que fuesen sus esfuerzos, eran realizados para la Naturaleza y no para el cuadro, y poseyendo ese género de vida sincera, crece y prospera. Robson no pinta colinas violetas porque deseara mostrar cómo poseía este color, sino porque le gustaban sinceramente sus oscuras cimas. Fielding no pinta los campos junto al mar para mostrar con qué maestría sabía apoderarse de un efecto de niebla, sino porque le gustaban los campos.

Esta escuela moderna llega a ser la única verdadera del paisaje de cuantas existieran siempre. Podemos descartar por entero las obras artificiales de Loraine y de Gaspar, como perteneciendo a un género diferente, al "pastoril". Si buscamos la vida, será necesario que pasemos directamente del último paisaje de Tintoretto al primero de Turner.

Poco importa hoy la ayuda que Turner ha podido recibir de tal o cual compañero de su juventud. Un gran hombre es, naturalmente, ayudado siempre por todo el mundo, porque su genio consiste precisamente en apropiarse lo que las personas y las cosas que él encuentra puedan tener de bueno. Había, sin embargo, dos hombres que se asociaron a los primeros estudios de Turner y que parecen realizar grandes cosas encaminadas a un mismo fin: Cousen y Girtin (sobre todo el primero). Nadie puede decir la obra que estos dos hombres hubiesen realizado si hubieran vivido más tiempo; tal vez alguno de ellos hubiese rivalizado más tarde con Turner, como Giorgione con Ticiano. Pero murieron jóvenes, y Turner es el único genio lo suficientemente grande que la escuela ha producido como veremos, para cumplir lo que en ella tenía que hacer. Hacia éste conviene, pues, que nos volvamos ahora, como hacia el único objeto de nuestro estudio.

LA PINTURA TURNERIANA

Nos hemos propuesto, al terminar el último capítulo, examinar los métodos particulares por los cuales se distingue Turner de los otros artistas de la escuela moderna, o por los que se diferencia, como representante de esta escuela, de los métodos antiguos.

El tema más interesante de tal estudio, por el que conviene empezar, concierne a la forma exacta bajo la cual ha admitido en su obra el sentimiento moderno de la pintura que, en tanto que se complace en las ruinas, es quizá el más sospechoso y criticable de los caracteres distintivos de nuestro arte.

Es tanto más sospechoso por no haber aparecido, aun bajo la forma más atenuada, antes del periodo de decadencia artística del siglo XVII. El amor por la claridad y precisión, se oponen a todo desorden, se mantienen, sin que ningún otro sentimiento altere la pureza, hasta la época de la juventud de Rafael, y no es antes de Claude Loraine, sino en gran parte a causa de su influencia, por lo que la pintura se desenvuelve.

Loraine modificó las arquitecturas y paisajes de Ghirlandaio. El viejo florentino nos ofrece su concepción de Pisa y de su torre inclinada con la mayor claridad, la mayor precisión; ardientes caballeros pasan sobre un puente, montados sobre sus hermosos caballos. Loraine reduce las torres y muros al estado de ruinas informes; transforma el elegante puente en viejo puente de piedra, al brillante caballero en viajero fatigado y el follaje perfectamente dibujado en soto confuso.

¿Tiene razón al operar estos cambios? ¿Los modernos tienen razón yendo todavía más lejos que él a este respecto, y buscando constantemente una miserable rusticidad o ruinas melancólicas? Esto es lo que conviene que nos aseguremos ahora.

Como ya he dicho, la ausencia de lo pintoresco deriva de una cualidad que no pertenece al objeto considerado y provocado por un elemento exterior. El tejado brillante de una fábrica tiene algo de común con los flancos de una montaña, algo que no pertenece a la fábrica como tal. Esta cualidad puede manifestarse ya simplemente por un aspecto brillante o por cualquier otro carácter visible, ya de una manera más profunda y más oculta por una expresión de tristeza y de sublime edad (estos dos elementos son igualmente sublimes), no por una expresión unilateral, sino por una expresión en que se mezclan ciertos caracteres familiares e íntimos, que impiden que el objeto llegue a ser completamente insensible, inspirando entonces tristeza, o completamente viejo, inspirando entonces respeto.

No puedo, por ejemplo, expresar con palabras el placer intenso que experimento cada vez que después de una larga residencia en Inglaterra, vuelvo a encontrarme al pie de la antigua torre de la iglesia de Calais. Su gran abandono, su noble fealdad: todos sus años inscriptos tan claramente sobre ella, sin indicar no obstante ninguna falta de fortaleza, ninguna decrepitud; su soledad austera y melancólica, asolada por los vientos del estrecho y cubierta de tristes hierbas marinas; sus pizarras y tejas rotas y desunidas, que no se caen no obstante; el desierto de sus muros de ladrillos lleno de agujeros y feas hendiduras, y poderosa, sin embargo, como una gran roca oscura; la indiferencia que tiene de lo que puedan pensar de ella; su falta de pretensión, que no tiene ni belleza, ni encanto, ni orgullo, ni gracia, pero que no reclama tampoco nuestra piedad. No es, como las ruinas, inútil y lastimera, alabando y recordando sin cesar sus días mejores, sino todavía necesaria, cumpliendo cada día su tarea cotidiana como un viejo pescador, de rostro curtido por la tempestad, saca todavía sus redes; tal se alza, sin llorar su pasado, limpia y menguada por los años, aun sólida y sensible, reuniendo a sus pies las almas de los hombres; el plañir de sus campanas, que les llama para rogar, que pasa todavía a través de sus hendiduras; y su cima gris, visible desde lejos en el mar, la más alta de las tres torres que se alzan en el desierto de arena de la playa y las dunas: el faro que nos guía, la torre de seriales para el trabajo, ella, la iglesia, fuente de paciencia y alabanza.

No puedo decir la mitad de los sentimientos y pensamientos que me inspira el ver a esta vieja torre, porque es, en cierta manera, el epitome de todo lo que ofrece de interesante el continente de Europa en relación con los nuevos países. Expresa ante todo, la presencia de la antigüedad en medio de la vida activa, que pone al presente en armonía con el pasado.

Tenemos en Inglaterra nuestra nueva calle, nuestro nuevo albergue, nuestro musgo recientemente cortado y nuestro fragmento de ruina, colocado en medio, como un *specimen* de la Edad Media puesto sobre un tapiz verde, para la edificación de las generaciones futuras. Si no fuera por su tamaño, se podría también colocarla en la estancia de un museo. Pero sobre el Continente no se rompen los lazos de la historia; en tanto que puedan servir, son tolerados entre los hombres los viejos edificios de cabeza gris; y vemos sucederse en una cadena sin interrupción a las generaciones de monumentos reservados. Así es que por su grandeza, por los rasgos evidentes de lenta decadencia que puede manifestar abiertamente, por su pobreza, por su falta absoluta de pretensión, de todo cuidado de las apariencias, esta torre de Calais encierra una significación simbólica tanto más sorprendente porque la vemos con frecuencia al llegar a Inglaterra, en donde tantas escenas contrastan con ella y expresan un sentimiento enteramente opuesto.

Si he insistido tanto tiempo sobre este ejemplo, es porque deseo que el lector comprenda el carácter elevado de lo que es pintoresco, su expresión de *sufrimiento*, de *pobreza* o de *senectud*, noblemente sobrellevadas por un valor sin pretensión. No solamente sin pretensión, sino inconscientemente. Si el monumento expresa cierta melancolía, como una abadía en ruinas, puede llegar a ser bello; pero su carácter pintoresco derivará del inconsciente de su sufrimiento; el viejo obrero no sabe que sus cabellos grises, sus brazos descarnados y su pecho tostado por el sol, pueden inspirar la piedad. Tenemos dos extremos: la ruina, que es patética, y lo sabe, y la ausencia de todo sufrimiento, de todo dolor humano de los edificios particulares y bien cuidados de la Inglaterra moderna. Entre ambos se encuentra la ceguedad inconsciente de una miseria y de una senectud evidentes, mientras que se cumple la dura labor de este mundo sin apelar a la piedad, sin temer el menosprecio.

Dije en tanto que puedan expresar algún sentimiento, porque el encanto de su aspecto puramente exterior –lo que las hace agradable para ser pintadas o en el sentido literal de la palabra pintorescas–, proviene de la variedad de sus colores y de sus formas. Una piedra partida presenta naturalmente formas más variadas que si permaneciera entera, un tejado que cede a su peso presenta curvas más variadas que si estuviese derecho, toda hendidura entrada mayor complejidad de luz y de sombra y toda mancha de musgo en el borde de un tejado o en el muro añade un nuevo atractivo a su color. Los objetos completamente pintorescos, una vieja choza, un viejo molino, presentan a causa de circunstancias independientes de ellos en sí, pero que les son más bien desventajosas en tanto que se las consideré como choza o molino, ciertos elementos de sublimidad –efectos complejos de luz y sombra, colores variados, formas ruinosas, etc.– que no se encuentran en general más que en los objetos naturales (bosques o montañas). Estos caracteres se agregan como parásitos a un edificio, volviéndolo "pintoresco", en el sentido generalmente dado a esta palabra.

Si el pintor busca, pues, estos elementos de sublimidad, sin ninguna consideración para la naturaleza real del objeto y sin comprender el sentimiento de tristeza que ocultan, pertenece a esa escuela inferior de lo pintoresco superficial, que invade tan a menudo los libros de dibujo y álbumes, y en la cual es necesario colocar a los paisajistas más populares de Francia, Inglaterra y Alemania. Pero si la elección de estos mismos caracteres exteriores no impide que se reconozcan los caracteres interiores del objeto considerado y queda subordinada a ellos, si el artista rehúsa el introducir en su obra todo elemento de encanto que sea incompatible con esto, y si siente al mismo tiempo una simpatía profunda por el objeto, por todo lo que nos dice de sí mismo por medio de sus tristes testimonies, pertenece a la escuela de lo verdadero, de lo elevado en lo pintoresco. Y ésta se distingue en parte de la escuela de pura belleza, de pura sublimidad, en que los temas que escoge el sentimiento está *por encima del mercado*, como el de esta vieja torre de Calais; no es inherente al objeto como en los árboles y montañas. Y se distingue en parte aún más de las escuelas de lo pintoresco inferior por su tierna simpatía y por negarse a explotar ninguna fuente de placer que esté en contradicción con la naturaleza del objeto estudiado.

El lector no se convencerá del contenido de esta ley sino después de largas reflexiones y numerosas comparaciones. Pero un solo ejemplo bastará para hacerle comprender claramente el principio.

El primer maestro de lo pintoresco inferior de los paisajistas contemporáneos, es muy probablemente Clarkson Stanfield; su arte esta además limitado a buscar este carácter. Examinad un molino que constituye el principal objeto de uno de los paisajes de Bretaña, de Dol (publicado en *Coast Scenery*, 1836), y colocad al lado un molino que constituye igualmente el principal objeto del estudio de Turner: *L'Ecluse* (*Liber Studiorum*, número 27). A primera vista es posible que el lector prefiera el primero; contiene en efecto muchos más elementos de encanto. Su techo levantado es casi tan interesante como el fragmento de un pico rocoso con un chalet colocado a un lado; ofrece una exquisita variedad de curvas. El techo de Turner, por el contrario, es un sencillo y feo piñón, es un tejado de molino, y nada más. Las aspas torcidas de Stanfield son admirables ruinas, tan admirables como un puente de pinos sobre un torrente alpino, solamente que parecen no haber servido nunca; están curvadas de una manera interesante, como si su madera estuviese hinchada, y su armazón parece demasiado pesado. Las aspas de Turner no tienen una belleza comparable con la de un puente alpino, pero se inclinan exactamente como si tuviesen que resistir constantemente el ímpetu del viento, y el armazón es tan ligero como posible es presentarlo en un lienzo; éste es el principio en que se basan las aspas de un molino. El muro de tierra del molino de Stanfield es tan hermoso como un espacio en pendiente; la lluvia ha socavado los cimientos, está revestido de musgo, y en el suelo hay un montón de piedras circundado de hierbas y de plantas trepadoras. Pero un molino de viento no podría servir para nada en tales condiciones. La base de un molino de viento, que le distingue de cualquier otro, es que debe poder girar sobre sí mismo, como un peón, a fin de poder hacer siempre frente al viento. Debe ser tan ligero y movible como sea posible; no es conveniente, pues, que afecte la naturaleza de una pendiente calcárea.

Reparad cómo a Turner le ha guiado, para la elección de su molino, la preocupación de hacer resaltar estos caracteres; como lo ha colocado en alto, sobre una base elevada, como lo ha construido enteramente de madera, como ha curvado el piso del molino, para mostrar como la construcción aparece encima del eje sobre el cual descansa interiormente; como, en fin, ha hecho resaltar la potencia de la palanca, colocada detrás, mientras que la de Stanfield parece más bien un apoyo que una viga destinada a hacer girar el techo. Lo ha hecho atrevidamente, aunque no le plazcan a él mismo ninguno de sus rasgos, sino que tiende más bien a dar un carácter mezquino y un aspecto de araña al principal objeto de su dibujo. Y como no podía disecar a su molino de viento y mostrarnos su misma alma, el centro de su vida, ha colocado fuera, al pie de la construcción, dos viejas piedras molares. Éstas –órganos esenciales y razón de ser del conjunto– están colocadas en su base, como su fundamento; a su lado se encuentra la carreta que cumplirá la última operación para la cual fue construido el molino, llevando al colono los sacos de harina.

Estas notas conciernen solamente a lo que cada uno de los artistas ha querido dibujar. Pero no dejéis de examinar el espíritu con que ha dibujado cada uno de ellos. Aunque el molino de Stanfield esté en ruinas, Stanfield no experimenta ninguna compasión por él. Por el contrario, se alegra mucho, y considera evidentemente la cosa como un azar de los más felices. El molinero esta arruinado, muerto sin duda, pero su molino figura admirablemente en este paisaje de Bretaña. En lugar de afligirnos, colocaremos en él nuestro centro luminoso; si fuera un árbol frutal en flor, en la primavera, no podríamos hacerlo ni más blanco ni más claro. Él dará claridad a toda la escena y nos alegraremos aun de sus hendiduras como si poseyésemos un precioso tesoro.

No es tal la idea de Turner. Su molino es todavía útil, pero a pesar de ello su presencia no deja de ser menos soñadora. No vale gran cosa, y todo lo que su propietario puede hacer, sin duda, es extraer su pan cotidiano de entre sus piedras. Representa el tipo oscuro de toda penosa labor humana; cautiva la brisa, que sopla libremente, y la obliga a que gire las muelas. Triste obra, indigna del viento, mejor que la de ahogar a los marinos o de asolar las florestas; pero indigna aun cuando puede llevar adelante de sí rebaños de nubes, llevar la lluvia fecunda a los lugares en que debe caer, y refrescar con su soplo las hojas ardientes por el calor. Así toma parte de toda labor ingrata a la cual se encadena el alma humana. Es preferible esto a la inercia, y en su orden de ideas más elevado, a las divagaciones destructivas de una vana imaginación. Pero debe ser triste, sin embargo, para una criatura con vida el moler en la oscuridad para obtener su subsistencia. Todos los hombres lo han sentido, y ya sea la brisa o el asno lo que haga girar al molino, no podemos apenas alegrarnos de su obra. Turner no lo considera sin tristeza. Le pondrá el cielo sombrío, pero fiero y en la cima de la colina. No se avergonzará por su labor, y la claridad se extenderá detrás entre las doradas nubes que se inclinan hacia él, mientras que el sereno sol estival desciende a lo lejos en busca de su reposo.

Notad que en todo esto la nobleza de la obra de arte (supongo que el lector comprenderá ahora, como yo, que el molino de Turner es el más noble) depende de la potencia de simpatía del artista. Esto es así, sobre todo, porque Turner está en estrecha comunión con su tema, mientras que Stanfield lo considera de una manera indiferente, siendo la obra del primero superior a la del según do. Y si reflexionamos más en ello veremos que precisamente en esto reside la diferencia esencial entre lo pintoresco de carácter inferior y lo pintoresco de carácter superior.

Si el pintor se contenta con expresar el goce superficial que experimenta al ver ciertas formas, ciertos efectos de luz, alguna grande tragedia, y multiplica hasta lo infinito sus diseños de temas pintorescos, no tardará en llegar a ser un artista "muy hábil', virtuoso sin duda y respetable, ganando su vida con el lápiz o el pincel tan honrosamente como con cualquier otro trabajo, y dejando un día este mundo en el momento requerido, sin haber hecho gran cosa para él. Tal ha sido la suerte, en estos últimos tiempos, de un gran número de personas a las que sus dones naturales indujeron a seguir la carrera artística, pero que faltas de inteligencia, faltas de una enseñanza capaz de poner sus cualidades al servicio de un ideal más elevado, continúan girando, casi a pesar de ellas, en el círculo estrecho de lo pintoresco. La costumbre que adquieren de no considerar más que un solo género de temas y de realzarlos, con cuidado, por medio de reglas abstractas, no tarda en reducir todavía más el campo de su simpatía. No es necesario que cite ningún ejemplo de esta clase de pinturas; poseemos demasiados pocos artistas que no pertenezcan a él.

En los más grandes maestros de lo pintoresco noble, por el contrario, la potencia de simpatía parece casi ilimitada. Se consagran de todo corazón a la Naturaleza. Su amor por la gracia y la belleza les preserva de una admiración exagerada por los restos de roca y árboles achaparrados: su bondad y delicadeza les impide recargar intencionadamente el espectáculo de la miseria; su perfecta humildad les hace aceptar los objetos más sencillos que los encuentran; y su comprensión del ideal más noble, su cuidado en buscar lo sublime humilde en los muros de una choza o en el tejado de un soportal. Trátese de una aldea inglesa de techos de rastrojos, muros de tierra o de una ciudad italiana con bóvedas de oro y pavimento de mármol, trátese de agua durmiente bajo sauces llorones o de una fuente luminosa bajo una cuna de laureles, estos diversos espectáculos les inspirarán la misma felicidad y abrirán un campo extenso a su meditación.

Turner es el único artista que ha ofrecido, hasta el presente, el tipo de tal espíritu. Existía también, creo yo, en Tintoretto, aunque este último no haya dejado ninguna obra que atestigüe su simpatía por el *lado humorístico* de la Naturaleza. Pablo Veronés, por el contrario, sentía profundamente lo humorístico, pero no comprendía sus aspectos horribles y trágicos. Falta a Rubens el sentimiento de la gracia y del misterio. Si pasamos así revista a la lista de los grandes pintores, descubriremos en cada uno de ellos alguna laguna. No pretendo, desde luego, que Turner haya realizado todo lo que su simpatía le inspira; la grandeza misma del esfuerzo realizado debía hacerle fracasar abiertamente en ciertas direcciones, pero él ha probado en los menores detalles, en los "apartes" de su arte, una cantidad de *sentimientos* que ningún otro pintor, que yo sepa, ha igualado nunca. No puede, por ejemplo, dibujar los niños tan bien como Mulready, pero ved todas las pruebas que da en sus obras, de la simpatía que experimenta por ellos. Reparad en la niña que pone su gorra sobre la cabeza del perro, en el primer término de Richmond, Yorkshire, los juegos de niños y los *Anales del mer* del *Liber Studiorum*, los muchachos pendientes de sus cometas en los bosques de Greta y de Buckfastleigh, y el triste dibujo que representa el cementerio de Kirby Londsdale, en donde los escolares construyen una fortaleza con sus libros sobre las piedras de las tumbas. Pasad de esto al horror intenso y patético de Rizpah, y preguntaos si algún pintor ha recorrido una escala de sentimientos tan completa. Es posible que se pueda descubrir en las otras ramas del arte una potencia de simpatía igual a la suya, pero en el paisaje, no tiene ciertamente rival. Confiere a sus obras un carácter especial, un carácter que se encuentra, es verdad, más o menos marcado en toda noble obra de arte, pero que aparece en él como en nadie, y que designaré de ahora en adelante, por esta razón, como lo pintoresco turneriano.

LA TOPOGRAFÍA TURNERIANA

Hemos visto, durante el último capítulo, en qué estado de espíritu debe el artista considerar cada objeto que se proponga representar. La cuestión que entablaremos ahora es: "¿Qué objeto *deberá* proponerse representar? ¿En qué medida puede dejarse influir por sus sentimientos personales en la elección de su tema? ¿En qué medida puede permitirse alterar o, siguiendo la fórmula del lenguaje artístico, embellecer la Naturaleza. Hemos visto que todo gran arte debe ser imaginativo. Si esto es verdad, un noble paisaje no puede ser simplemente la copia de cierta escena; ¿pero qué puede ser además?"

El lector recordará que hemos dividido el arte, en general, en arte "histórico" y arte "poético"; el arte de referir los hechos con fidelidad y el arte de referirlos con imaginación. Si aplicamos esta división al paisaje, el arte histórico llega a ser la topografía y el arte imaginativo lo que he llamado en el título de este capítulo: la topografía turneriana. Voy a esforzarme en explicar este término.

Notad todavía, desde el principio, que las discusiones en que se han dividido desgraciadamente los artistas, que convienen a la necesidad u oportunidad de alterar la Naturaleza, derivan solamente de la mala interpretación de esta sencilla ley: "Es siempre falso el dibujar lo que no se ve". Esta ley es inviolable. Pero hay quien no ve más que lo que existe y otros que ven lo que no existe, o lo que no existe de una manera aparente. Y si ven realmente estas cosas ocultas, tienen el perfecto derecho de representarlas. El error no interviene más que cuando ciertos artistas, que no ven estos objetos no aparentes, se empeñan a pesar de todo en pintarlos, y se imaginan poder dar una existencia ficticia, por medio del cálculo o la composición, a objetos que les son siempre invisibles. Si alguien ve ángeles allí donde otros no ven nada, que pinte, pues, estos ángeles, pero que ningún otro trate de imaginarse el poder pintarlos también basándose en alguna noción abstracta del carácter angélico.

Si, refiriéndonos a un lugar, no vemos en él más que lo que en él se encuentra, no representemos nada más y permanezcamos simples pintores del paisaje topográfico o histórico. Pero si, refiriéndonos a este lugar, vemos algo totalmente diferente de lo que en él se encuentra, podemos pintar esto, aun *debemos* pintarlo, queramos o no, puesto que es para nosotros la única realidad accesible. Pero guardémonos de pretender ver esta realidad si no la vemos.

La simple observación de esta ley pondría fin a la mayor parte de las querellas a las cuales se entrega uno a este respecto, y permitiría a un gran número de pensadores, cuya vida es hoy desperdiciada, el consagrarse a un trabajo saludable. La cuestión más importante que un artista puede plantearse es: ¿tengo o no inventiva? Y puede resolverse fácilmente. Si las visiones de objetos irreales se presentan a él independientemente de su voluntad, pidiendo ser pintadas, sin que pueda ordenar que aparezcan o no, sin que pueda conjurarlas si no quieren llegar ni desterrarlas si llegan, él tiene inventiva. Si no ve, por el contrario, más que los hechos comúnmente visibles y si está obligado recurrir a una *regla* para modificarlos si no le gustan, no tiene inventiva. Todas las reglas del mundo no le serán de ninguna utilidad, y si se esfuerza en pintar otra cosa que los hechos materiales y visibles, toda su actividad será estéril y no producirá más que absurdos científicos.

Tenemos, pues, que examinar cuales son estos cambios que el pintor imaginativo puede hacer sufrir al paisaje y cuáles son los artistas que los han realizado. Observemos, en primer lugar, si esto puede consolar al artista no imaginativo, que es imposible encontrar un paisaje que, reproducido fielmente, no ofrezca un buen cuadro. Nadie sabe, antes de haber hecho la experiencia, qué extraña belleza, qué sutiles composiciones nos reserva la Naturaleza cuando es entregada a sí misma y qué sentimiento profundo puede desprenderse de los espectáculos más íntimos, aun cuando el hombre ha alterado su carácter agreste. Notemos además que si la topografía histórica prohíbe todo cambio, no prohíbe ni la simpatía ni la elección del tema. Lejos de ello, el pintor topográfico tiene por deber el hacer esta elección. Debe velar inmediatamente por lo que en el tema le plazca; sin esto no lo pintará nunca bien; debe también escoger un tema susceptible, hasta cierto punto, de que guste al público; sin esto no vale la pena de ser pintado ese objeto; debe, por último, pensar en el carácter instructivo así como agradable de su asunto; sin esto no merece ser pintado con cuidado.

Que el artista no imaginativo se detenga, pues, con preferencia ante los espectáculos cuya reproducción pueda ser apreciada en el porvenir, tales como los que ofrecen nuestras abadías, nuestras catedrales, la vista lejana de ciudades, los estudios completos de los campos de batalla de Europa, las casas habitadas por hombres célebres, los lugares que amaban, y naturalmente, los bellos paisajes naturales. Si la obra es topográfica, no debe ser cambiada ninguna línea del objeto, ninguna rama, no debe desaparecer ninguna piedra, ningún dolor debe ser recargado, ninguna forma embellecida. El cuadro debe ser, tanto como sea posible, la imagen del objeto reflejada en un espejo, y el artista no debe considerarse más que como un reflector sensible y escrupuloso, debe velar por no dar ninguna falsa impresión, por no cometer ningún error que pudiera evitar. Es necesario que siempre pueda mirarse su obra con toda confianza para decir: "Esto era así; tal día de junio o julio de tal año ese sitio presentaba este aspecto; estas hierbas crecían allí, y no eran ni más cortas ni más altas; estas piedras se encontraban allí, tantas y no más; esta torre se destacaba así sobre el cielo y esta sombra se proyectaba así en la calle".

No se trate de suponer que tal trabajo pueda nunca llegar a ser mecánico, que sea demasiado fácil de realizar o que recluye todo sentimiento. En cuanto a su facilidad de ejecución, los que piensan así no han intentado nunca el esfuerzo. La composición es, de hecho, mucho más fácil para quien sabe componer que la imitación de un orden tan elevado para el hábil imitador. En cuanto al sentimiento, por muy sinceramente que probemos el pintar todo lo que vemos, esto nunca puede lograrse por completo. Ningún trabajo de este género puede ser ejecutado sin que el artista no realice cierta selección y no haga prevalecer, más o menos conscientemente, tal rasgo sobre tal otro; y tal selección debe siempre realizarse bajo la influencia del sentimiento.

Pero si el artista posee la potencia inventiva, debe tratar a su tema de una manera completamente diferente, no debe dar los hechos en sí mismos, sino la impresión que han producido en su espíritu.

Digámoslo, y valga para siempre, una "impresión" no quiere decir un artículo manufacturado. Cuando la mayor parte de nuestros artistas quieren "inventar", como dicen, un cuadro, empiezan por escoger (lo más a menudo felizmente) un asunto que presente un número suficiente de torres, montañas, chozas ruinosas y otros accesorios, para prestarle interés: concentran en seguida su luz sobre un cierto objeto, detrás del cual colocan una nube oscura o pintan delante un primer término sombrío; llevan, por último, esta misma luz, un poco debilitada, a otro punto de su lienzo, y unen los dos centros luminosos con tonos intermedios. Si alguna parte del primer término les parece que no tiene interés, colocan en ella un grupo de figuras: si es, por el contrario, el segundo término lo que quieren animar, introducen entonces un fragmento sacado de otro estudio; proceden de la misma manera con los detalles secundarios, logrando poner siempre una piedra negra al lado de una blanca, los tonos violetas al lado de los amarillos y las formas angulosas junto a las redondas. Hay recetas de pintura, como hay recetas de cocina; las unas y las otras son, desde luego, igualmente difíciles de utilizar bien, pero no tienen nada que ver con la "impresión" de que hablamos.

No es este método de trabajo el que adoptará el artista de inventiva. Recibirá primero cierta impresión del lugar exigido y la conservará celosamente como su bien más preciado. (No experimentará grandes dificultades en esto, ya que precisamente esta facultad de recibir las impresiones fuertes e indelebles es la que le distingue de los demás pintores.) Se impondrá en seguida el deber de reproducirla, tan bien como sea posible, para el espíritu del espectador.

Esta impresión, notadlo, no depende únicamente del espectáculo que el artista pueda incluir en la escena de su cuadro. Depende, sobre todo, de la disposición de espíritu producida en él al ver el paisaje próximo y por el que ha podido contemplar antes durante el día. La impresión producida por un sitio dado, a los ojos del pintor, no es, pues, la misma que la que recibiría un espectador si pudiese aislar, desde lejos, al objeto del resto del paisaje. Cuando, por ejemplo, se desciende del Saint-Ghotard hacia Italia, después de atravesar una garganta estrecha sobre el Faido, el camino se une a una prolongación del valle, cubierto por todas partes de piedras y de restos procedentes, en parte, del Tesino al salir del hueco encajonado, en parte de las avalanchas del invierno, que ruedan sobre las heladas rocas de una montaña situada a la izquierda. Más allá de este primer promontorio se percibe una cresta mucho más alta, sin ser imponente, que domina a la aldea de Faido. A la izquierda aparece también un pequeño edificio con tres ventanas; es el último rasgo de una antigua galería construida para proteger al camino que pasaba por allí de las avalanchas y las piedras que descienden del pico situado encima. No es más que una ruina, habiendo sido arrastrada la mayor parte por estas avalanchas. El antiguo camino, del que se pueden todavía percibir algunos vestigios, aparece completamente a la izquierda; ha sido abandonado y hoy se halla prolongado sobre el flanco de la montaña hacia la derecha, sostenido en parte por un muro de piedras, y descendiendo serpenteando, hasta un frágil puente de madera que le permite alcanzar el antiguo camino, cerca de la galería. El camino parece haber continuado antes (pero desde la destrucción de la galería) a lo largo del rio, siguiendo la orilla derecha durante una milla y haberle atravesado por medio de otro puente de madera más importante, cuyos dos pilares existen todavía, habiendo sido barrido el resto por el Tesino.

No hay nada en este espectáculo particularmente interesante o que cause impresión. Las montañas no son muy elevadas o de forma especialmente imponente, y el montón de piedras que obstruye el Tesino no presenta a primera vista nada de notable. Pero antes de llegar a este sitio se atraviesa una de las gargantas más estrechas y más sublimes de los Alpes, y el viajero está familiarizado durante la primera parte de la etapa con el aspecto de los picos más altos del Saint-Gothard. Recibirá, pues, una impresión completamente diferente de la que pudiese sentir un espectador no preparado. El montón confuso de piedras, que por sí mismo no podría cautivar su espíritu, es el testimonio del furor del torrente que ha recorrido el valle desde la mañana. El desfiladero en el fondo, que en sí mismo no es ni muy estrecho ni muy terrible, es, sin embargo, considerado por él con cierto espanto, porque se imagina que debe parecerse a la garganta que acaba de franquear más arriba. Y aunque ninguna montaña de gran altura domina inmediatamente el valle, el espectáculo parece identificarse en sus caracteres esenciales con el de las cimas más altas que han dominado a su camino, al Norte.

Sería, pues, totalmente imposible por medio de una copia topográfica de la escena suscitar en el espíritu del espectador las sensaciones que experimentará en presencia de la misma escena, considerada en relación con los paisajes próximos. El fin del gran paisajista de inventiva debe ser más bien el de expresar la verdad profunda de la visión mental que el de reproducir los hechos materiales. Su obra no será indudablemente de alguna utilidad para el ingeniero y el geógrafo, y sus proporciones diferirán considerablemente de las proporciones verdaderas si se les aplica una medida común. Pero podría producir en el espectador más lejano al sitio exactamente la misma impresión que le hubiera producido la realidad misma: le pondrá en el mismo estado de espíritu en que se encontraría si hubiera realmente desembocado en este sitio al salir de las gargantas de Airolo.

Podré explicar mejor mi pensamiento cuando hayamos visto las operaciones a que se entrega el espíritu de Turner respecto al paisaje en discusión.

Desde su juventud manifiesta siempre Turner un afecto especial por las piedras. Grandes o pequeñas, libres o fijas en el suelo, talladas en forma de cubo o redondas, las quería como William Hunt quiere a las bananas y a las ciruelas. Este largo valle de piedras, que no hubiese tenido ningún atractivo para otro, fue para él como si lo hubiese encontrado lleno de bananas y ciruelas, y le agrada enormemente, le agrada todavía más que la garganta de Dazio Grande, situada más arriba. Pero esta garganta no dejó de influirle; no había abandonado su recuerdo cuando la diligencia se detiene al pie de la pendiente, precisamente en este recodo del camino, a la derecha del puente. Turner aprovecha esta ocasión para hacer lo que él llamaba un "Memorandum" del lugar, algunos rasgos al lápiz, en un trozo de papel delgado, que enrollaba con otros y metía en seguida en su bolsillo. Añade algunas manchas de color a estas líneas hechas con el lápiz (supongo que al llegar a Bellinzona, no ciertamente sobre el lugar), y me enseña su diseño a su vuelta. Le pedí que me hiciera un dibujo, lo que hizo, diciéndome que estaba satisfecho del dibujo que había hecho, lo que no le ocurría muy a menudo.

En él aparecía la escala de toda la escena alterada, encontrándose realzada a las dimensiones majestuosas de los altos Alpes. En mi diseño topográfico figuran algunos árboles adheridos a la roca, del lado de la galería, mostrando en comparación que no tiene más de cuatrocientos o quinientos pies de altura. Turner los suprime y da a la roca una altura de unos mil pies, lo que hace forzosamente que sean mucho más peligrosas las avalanchas que descienden de la parte alta. Hace todavía más altas a todas las montañas del fondo, dibujando tres o cuatro crestas en lugar de una, pero reuniéndolas al pie en una sola masa rocosa que se desploma en valle. Éste es tan encajonado como la garganta de Dazio Grande que acababa de atravesar más arriba, y el aspecto de esta hondonada es desde ahora el del valle pedregoso. Los árboles crecen en el fondo de dicha hondonada, en oposición, según él, con el carácter rocoso del conjunto, y les corrige como ha corregido los demás. El puente ligero del primer término debe igualmente desaparecer, por anular el aspecto violento del torrente. Turner piensa que el torrente y las avalanchas deben seguir un curso libre. Suprime el primer puente, y respeta al otro, en segundo término, en un sitio donde la violencia de la corriente puede suponerse que es menor. Por último, el término del camino, a la derecha, sobre la orilla, no está sostenido por un muro lo suficiente elevado para sugerir el aspecto de una cresta alpina; suprime el muro, y hace al rio más escarpado, introduciendo ahora, como veremos, un recuerdo recogido en la primera parte del trayecto.

Digo que él "piensa" esto, que "introduce" aquello. De hecho, estrictamente hablando, no piensa en nada. Si pensase, se extraviaría al instante; sólo el artista mediocre y sin imaginación reflexiona. Todas estas modificaciones se le sugieren espontáneamente en el espíritu; está enteramente poseído por un sueño imperioso que le grita: "Esto debe ser así"; no puede ver nada, hacer nada más que lo que su sueño le manda.

Es necesario no perder nunca de vista esto, cuando se considera la introducción de figuras en un paisaje. La mayor parte de las personas a las que he enseñado este dibujo, y que aprecian su carácter general, echan de menos el no encontrar en él seres animados; esto destruye, según ellos, la impresión de majestuosa desolación que ofrece. Pero no es eso lo que su sueño surgió a Turner. Su sueño insistía particularmente sobre el camino por el cual había llegado a ese sitio. El loco torrente y sus piedras eran ciertamente maravillosos; pero lo más maravilloso es que hayamos podido llegar mi sueño y yo hasta allí. No hubiéramos podido hacerlo ni andando ni cabalgando sobre las nubes: no podíamos alcanzar aquello más que por gran camino. Este camino extraordinario no ha cesado de impresionarnos desde por la mañana con sus vueltas y revueltas. Ahora mismo, bajo las avalanchas de piedra, entre la locura de los torrentes desencadenados, en medio de rocas amenazadoras y de precipicios, atormentado y obligado a usar de todos los subterfugios, de intentar todos los rodeos, ya sobre una orilla, ya sobre la otra, nos obstinamos en seguir este camino maravilloso. Es tan peligroso, que no solamente no pueden seguirlo con toda seguridad las grandes diligencias tiradas por varios caballos, sino que tampoco lo pueden lograr las pequeñas sillas de posta, con sus pequeños postillones, tiradas por dos *poneys*. Y el sueño decreta que la esencia, el alma misma de la escena, el coronamiento de todas las maravillas de los torrentes y los Alpes, fuera una simple silla de postas con sus pequeños *poneys* y su postillón. Obliga, pues, a Turner a incluirla, de buen o mal grado, en una revuelta del camino.

Los que están familiarizados con los principios ordinarios de composición, observarán que al lado de estas modificaciones que recaen sobre el carácter de la escena, el sueño ha introducido otras que parecen relacionarse más o menos con las reglas de composición recibidas. Hace a las masas más prolongadas, a las líneas más continuadas, a las curvas más graciosas. Pero el lado interesante de este asunto es que estas modificaciones no parecen haber sido aportadas tanto por una operación de la imaginación y por la introducción de elementos completamente nuevos, como por el *recuerdo* de un objeto que pueda sustituir ventajosamente a la realidad. Turner sentía, por ejemplo, que el talud de la derecha hubiera debido ser más sólido, más rocoso, a fin de presentar mayor resistencia al torrente. Como veremos, comparando los dos dibujos, transforma a este talud en una especie de contrafuerte que sostiene el muro del camino. Este contrafuerte es, poco más o menos, la reproducción fiel de otro contrafuerte de este mismo camino del Saint-Gothard –cerca del Puente del Diablo–, que había pintado treinta años antes, y que había grabado para el *Liber Studiorum* (este dibujo no se llegó a publicar). En este grabado se ve la línea ruinosa del límite superior del muro y se nota una depresión en el centro de su superficie. Comparando este diseño con el fragmento incluido más tarde en el dibujo del Paso de Faido, encontramos esa analogía que podría atribuirse, es verdad, a una pura coincidencia si no conociésemos un gran número de casos en los que Turner ha introducido de la misma manera, después de numerosos años, en una obra nueva, algún recuerdo que le había interesado durante sus primeros estudios: esto no fue más que un detalle sin importancia aparente. Esto es precisamente lo que me parece revelar el carácter inspirado de la composición. Porque cuando sonamos tenemos los mismos recuerdos confusos de cosas vistas hace mucho tiempo, que se combinan bajo la acción de leyes nuevas y extrañas. Si nuestros sueños son generalmente grotescos y sin causa, y los de Turner naturales y armoniosos, esto no implica, según mi parecer, ninguna diferencia esencial en las operaciones mentales. Cada vez que Turner se ha esforzado realmente en componer, y ha modificado su tema siguiendo algún principio abstracto, se ha equivocado y lo ha desfigurado. Nunca ha triunfado más que cuando ha obedecido pasivamente a su primera impresión, esta impresión que está formada primero del vivo recuerdo del sitio que tenía que representar, y después de los recuerdos que poseía de otros lugares (reconocidos como tales o no por él, esto lo ignoro), que se asocian armoniosamente a la nueva idea, que es el centro.

El sueño no consiste en la producción voluntaria de nuevas imágenes, sino en el recuerdo involuntario de cosas ya vistas. No sé si esta explicación puede aplicarse a todos los grandes inventores, pero no me parece menos exacta si la refiero a todos los que he estudiado profundamente (Dante, Turner, Scott y Tintoretto).

Figuraos todo lo que estos hombres han podido oír o ver durante todo el curso de su vida, repasando fielmente en su memoria, como en su vasto almacén –en los poetas, hasta la menor inflexión de voz, en una silaba oída en su más tierna infancia; en los pintores, hasta el menor pliegue de una colgadura, hasta la forma de cierta piedra o de cierta hoja, y la imaginación planeando sobre este amontonamiento de tesoros no catalogados, una imaginación dotada de inspiración, capaz de invocar, no importa en qué momento, precisamente el grupo de ideas e imágenes que se adaptaron entre sí. Ved cómo yo concibo la naturaleza de un espíritu creador, ved lo que nos explicarían, sin duda más a menudo, los hombres que lo poseen, si pudiera hacerse una idea del estado de espíritu en que se encuentran los otros y compararlo con el suyo. Pero suponen que cada uno de nosotros recuerda lo que ha visto de la misma manera, y no conciben cómo acontece que ellos sean los únicos capaces de producir bellas obras y grandes concepciones.

Cuando más examino esta cuestión, más me persuado de que el poder de la imaginación reside en su maravillosa penetración, que lejos de ser ilusoria y engañosa, es, por el contrario, la facultad más precisa y verídica que posee nuestro espíritu, tanto más verídica por cuanto, gracias a su acción, se encuentran aniquiladas la vanidad e individualidad del creador. Llega a ser un simple instrumente, un espejo en manos de un poder superior destinado a reflejar para otros, una verdad cuya exactitud le es imposible probar. Toda verdad matemática, aritmética o científica es, en comparación, superficial y limitada. Si queremos conocer los hechos reales de una cuestión social no nos dirijamos a los economistas o a los estadistas, sino a los grandes poetas, porque saben mucho más a este respecto que cualquier otro. Y asimismo, si queremos conocer la verdad que concierne al aspecto exterior del mundo, haremos mejor en no fiarnos de los mapas, ni de los pianos, ni de cualquier otro medio que ofrezca las medidas (los hechos más importantes son siempre inconmensurables) y en entregarnos por entero (salvo en algunos detalles sin importancia, como son la situación de los arcos de un puente o de un camino) a la topografía turneriana.

LA LUZ TURNERIANA

Hemos estudiado en los capitules precedentes las razones que nos determinan a justificar la manera en que Turner *escoge* su tema.

Nos queda por examinar la manera en que lo representa. Sus procedimientos son, en efecto tan opuestos a las doctrinas recibidas en materia de arte, que en el momento de su primera aparición sus obras fueron consideradas con desdén y severamente criticadas por todos los jueces reputados como competentes. Permítaseme, pues, volver sobre lo que ya he dicho relativo a la luz: "Hay tanta diferencia entre el poder de que dispone la Naturaleza para producir la luz y el de que disponemos nosotros como la que existe entre el sol y una hoja de papel blanco. Esta afirmación no ha sido generalmente bien comprendida, porque uno no se figura cómo la claridad del sol sobrepasa a la del papel.

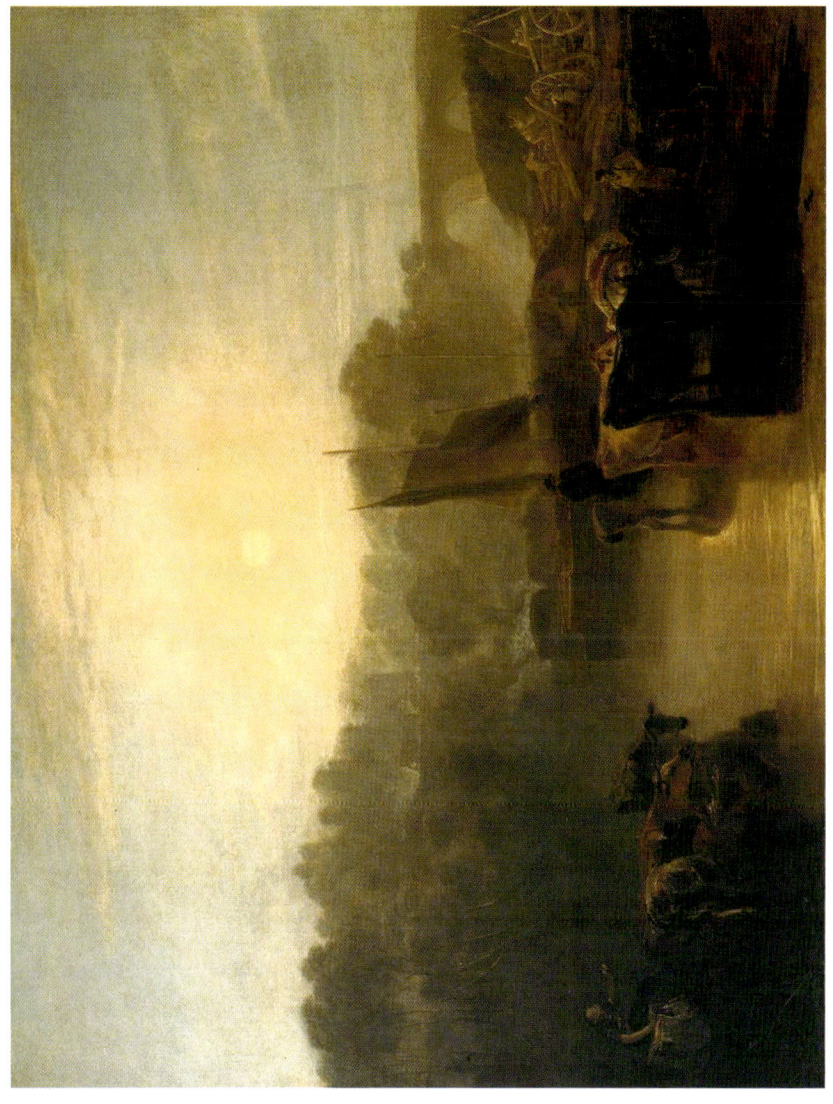

Abingdon, 1806
National Gallery, Londres

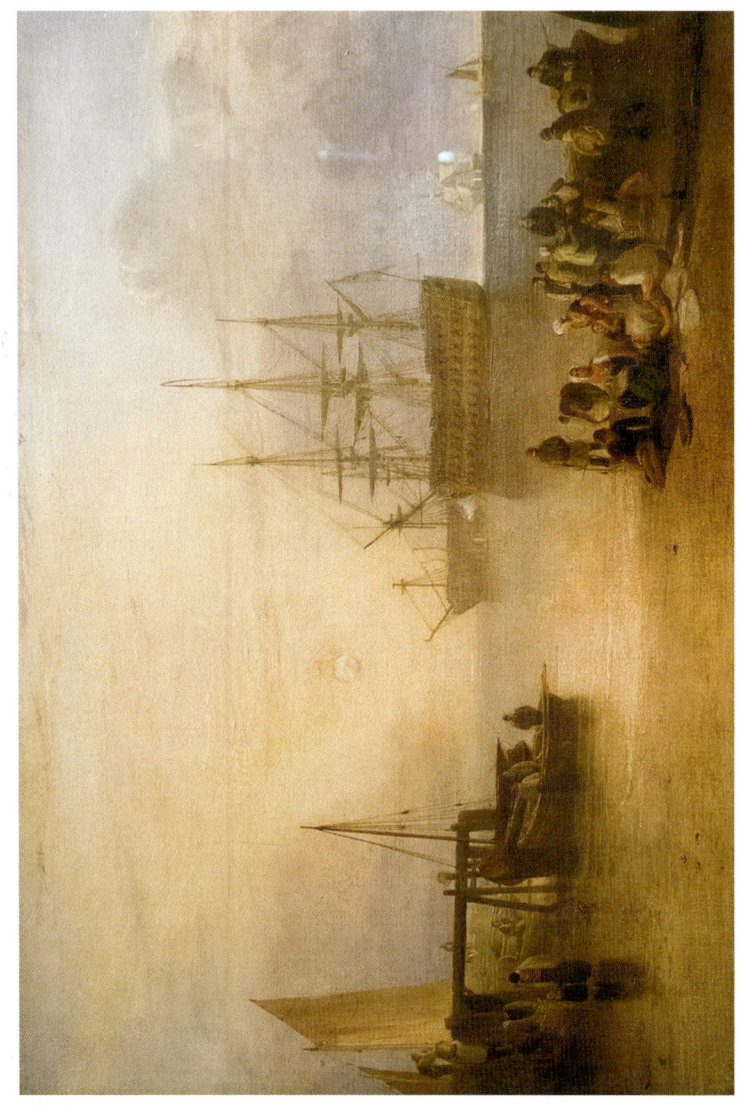

El sol poniéndose tras el vapor, c. 1809
Barber Institute of Fine Arts, Birmingham

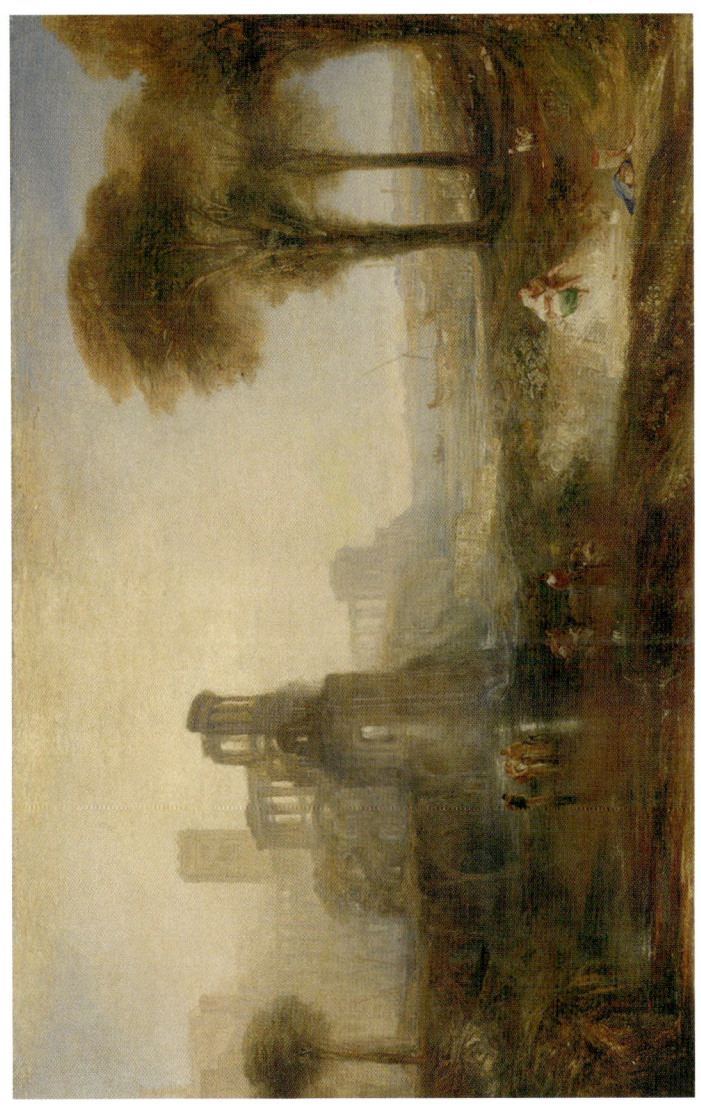

El palacio y el puente de Calígula (detalle), 1831
Tate Britain, Londres

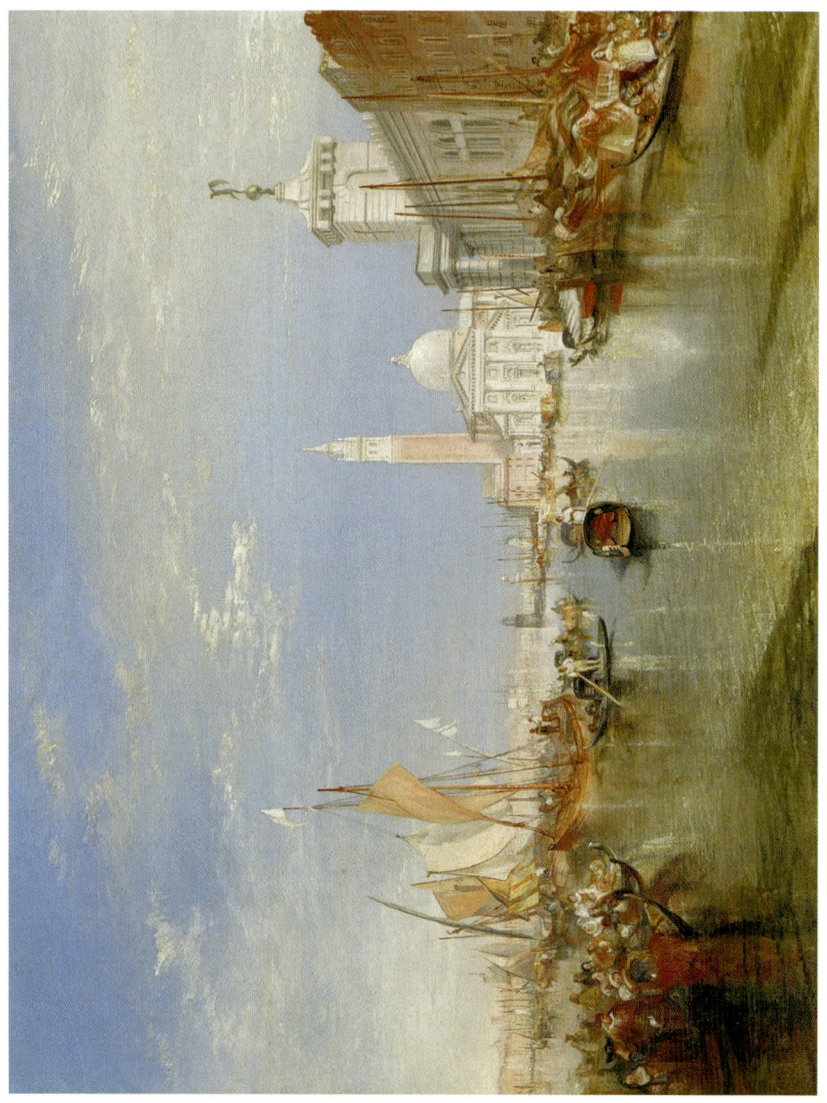

Venecia, la Dogana y San Giorgio Maggiore, 1834
National Gallery of Art, Washington

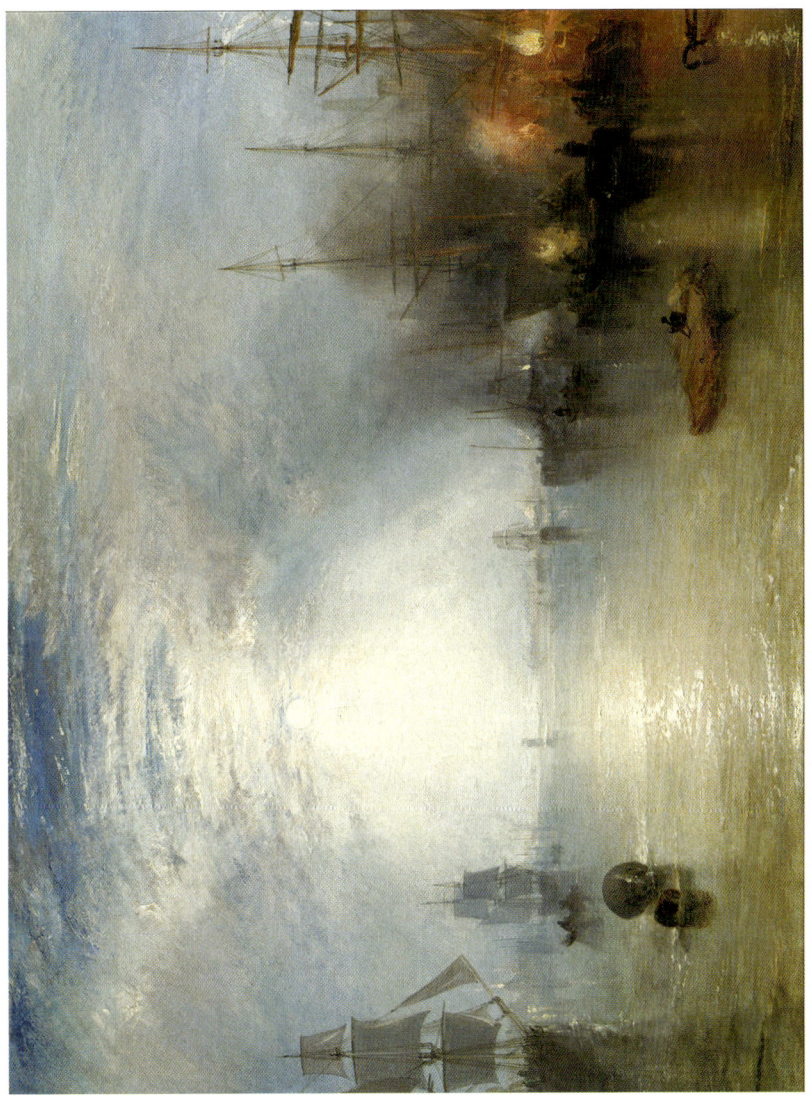

El Keelmen en la humareda a la luz de la luna, 1835
National Gallery of Art, Washington

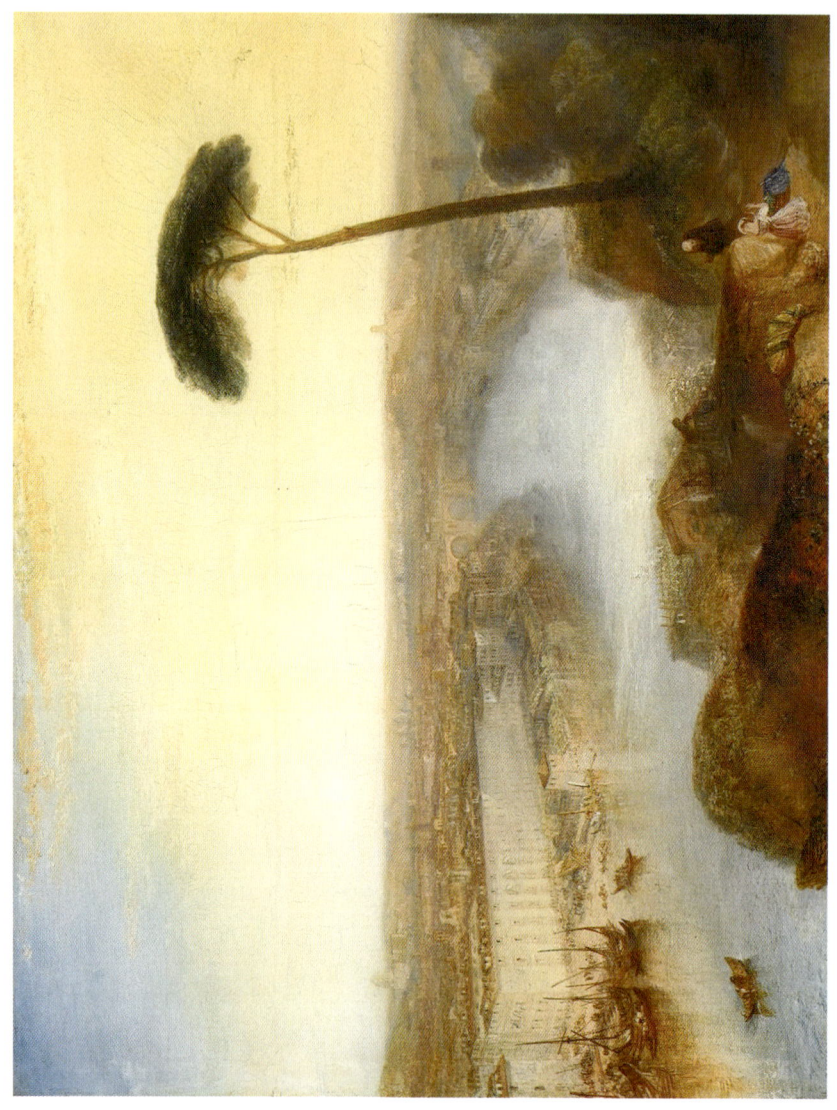

Roma, desde el Aventino, 1836
Colección privada

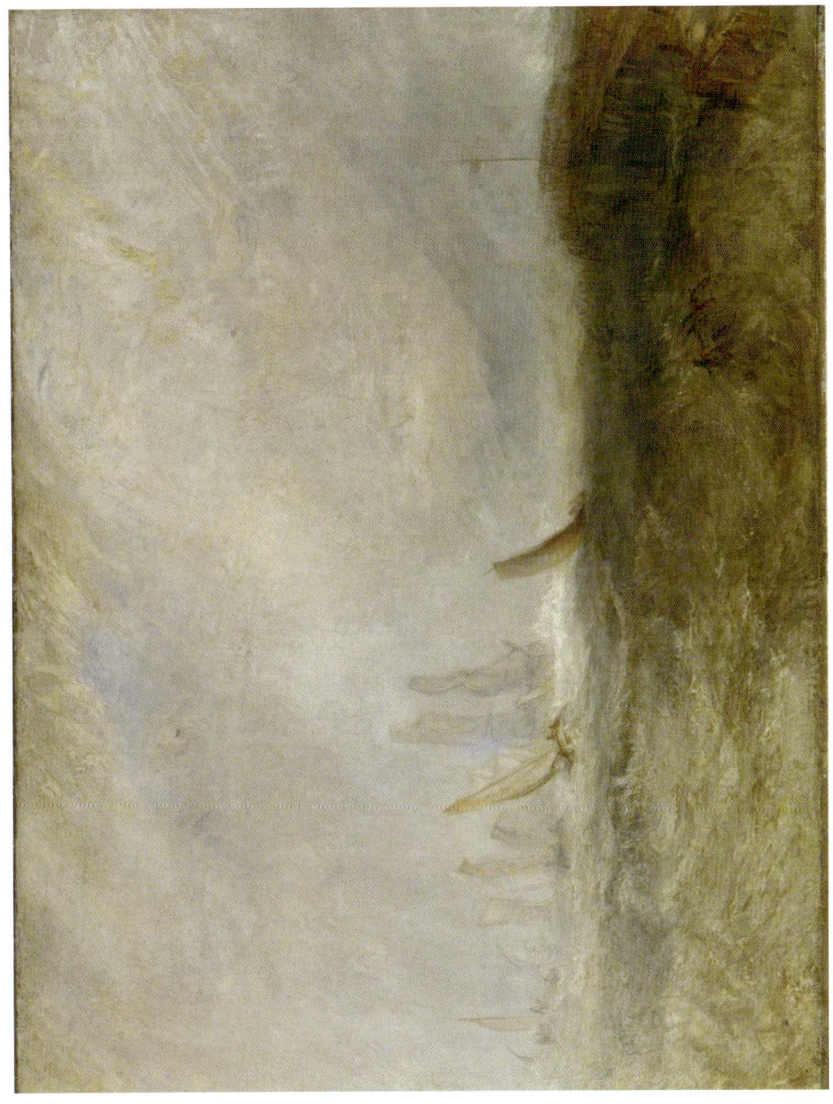

Barcos de pesca remolcando un buque al puerto de Ruysdael, 1844
National Gallery, Londres

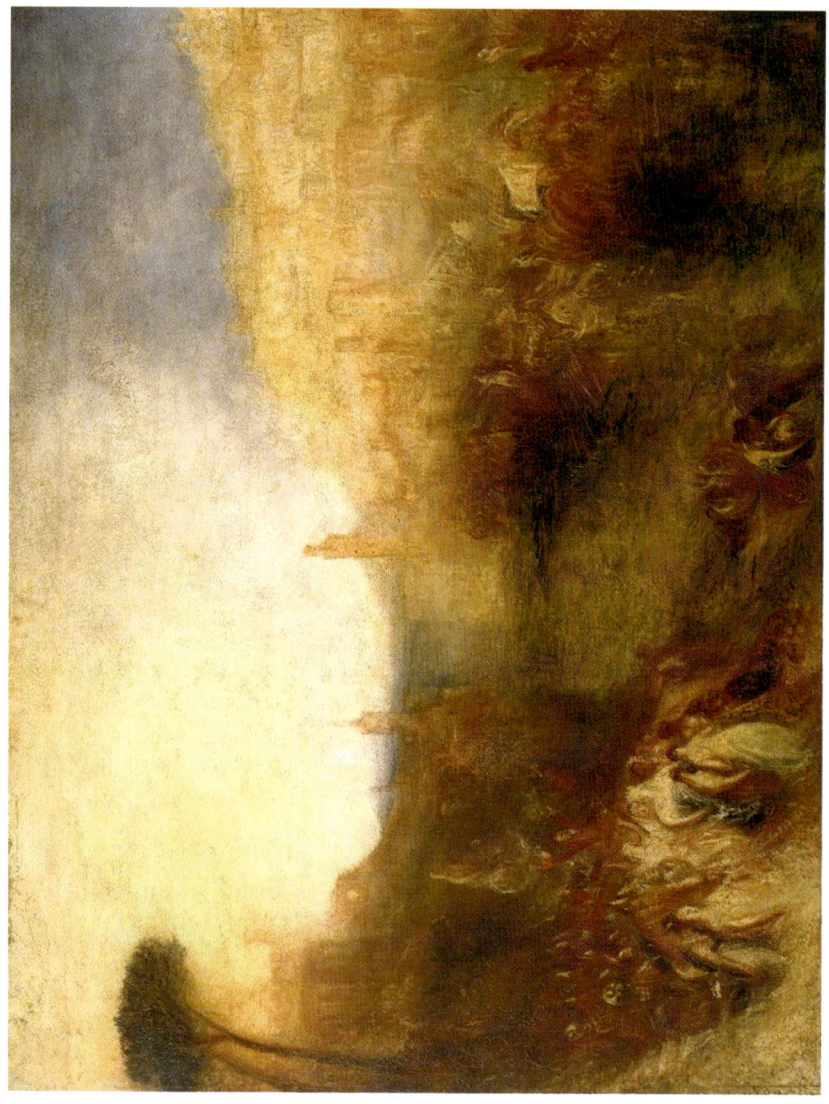

La salida de la flota, 1850
National Gallery, Londres

Si el lector quiere darse cuenta de ello, que tome una hoja de papel corriente de dibujo y que la coloque sobre la pared, en el lugar donde se coloca generalmente un cuadro, es decir, a cierta distancia de una ventana, de manera que sea iluminado oblicuamente, la luz directa es casi siempre desfavorable. Estas son las condiciones más propicias que puede un artista reclamar ordinariamente para su obra. Pero si queremos obtener la mayor luz posible y mejorar aún la situación del cuadro, debemos aproximarlo a la ventana. Colocad, pues, vuestra hoja de papel verticalmente en la pared y aproximadla gradualmente hacia el sol. Notaréis que a medida que la aproximáis a la ventana, la intensidad de la luz alimenta en el papel. Pero si los rayos del sol le hiriesen directamente, la experiencia sería falsa, porque el cuadro no está destinado a ser contemplado con esa claridad; nuestro objeto es comparar el papel blanco, como se le emplea generalmente, *con* la luz del sol. Escoged, pues, un día en que el sol no luzca, o una hora en la que no dé en la ventana en cuestión. La experiencia llegará a ser desde este momento concluyente y colocaréis a vuestro papel en el quicio de la ventana, en donde recibirá la mejor luz que puede recibir nunca un cuadro.

Inclinaos ahora sobre la ventana y colocad el papel frente al cielo (supongo que habéis escogido un hermoso día, que el sol esta alto y el cielo es azul hasta el horizonte). En el momento que le pongáis frente al cielo, os sorprenderá el comprobar que ese brillante papel blanco parece estar a menudo en la sombra. Le retiraréis en la idea de que habéis modificado su posición. Pero no, el papel no estaba en la sombra. Su brillo es mayor que nunca, más brillante que en cualquiera otra circunstancia. Es el cielo azul, es el horizonte el que es más brillante. Es azul, y el papel blanco; pero el *blanco* es mucho *más oscuro*. Y comprenderéis –tal vez no será la primera vez en vuestra vida– que, aunque no sea fácil el probar que lo negro sea blanco, es posible, en ciertas ocasiones, mostrar que el blanco puede ser casi negro, o en todo caso oscuro.

En presencia de tal experiencia el sentimiento de la mayor parte de las personas es que colocando el papel blanco de cara al cielo se le pone de alguna manera en la sombra. Pero no es así. El papel sigue siendo exactamente el mismo que era en el interior de la habitación; si parece más oscuro es para oponerse a un fondo más luminoso. Las circunstancias son exactamente semejantes a las que afectan a nuestras sensaciones de frio y de calor. Si tenemos una mano caliente y la otra fría y las sumergimos sucesivamente en agua tibia, diremos primero que esta agua esta fría, después que está caliente. Su temperatura, exactamente registrada con el termómetro, es, sin embargo, la misma, y es por entero independiente de nuestras sensaciones. Lo mismo sucede con la luz y la sombra. Cuando apartamos los ojos del cielo luminoso para mirar el papel blanco, afirmamos que éste está "en la sombra", es decir, que en comparación nos produce una sensación de oscuridad. Pero la claridad del papel y la del cielo son tan fijas como la temperatura, y la del cielo excede a la del papel en cierto número de grados de luz, que se podrían determinar científicamente. La única diferencia está en que la claridad de un cielo despejado no puede reproducirse por ningún procedimiento artístico. El cielo no es solamente de *color* azul, es de fuego azul, y no puede pintarse. Este fuego azul contiene también fuego *blanco*; contiene nubes que le exceden en claridad, tanto como él mismo puede exceder a la del papel blanco. Más allá de esta luz encontramos, pues, otro grado todavía más inaccesible de luz blanca. Si suponemos que la claridad del papel blanco pueda representarse por 10, la del cielo azul valdrá aproximadamente 20 y la de las nubes blancas 30.

Si reparáis atentamente en estas nubes veréis que no son enteramente del mismo color. Ciertas partes parecen grises comparándolas con las otras, y hay tantos matices en ellas como si estuvieran hechas de rocas sólidas. Y, sin embargo, estas partes más oscuras son las mismas que nos parecen algunas veces más claras que el cielo, y evaluamos su intensidad luminosa en 30. Las partes más resplandecientes deben, pues, fijarse lo menos en 40, y su blancura será a la blancura del papel como 40 es a 10. Llevad en seguida los ojos desde el cielo azul y nubes blancas al sol, y veréis que su blancura, cuatro veces más luminosa que la del papel, es oscura y opaca en comparación con estas nubes de plata que arden cerca del sol, de ese sol cuyo resplandor infinito no podéis soportar. ¿Cómo estimar esto?

Para reproducir todas estas cosas, no tenemos, después de todo, más que nuestro pobre papel blanco. No nos enorgullezcamos, pues, demasiado de la "verdad" de nuestro arte. Temo que estemos obligados a introducir en él, a pesar de todo, una gran parte de oscura mentira.

No hablaremos, al presente, del sol y de las nubes argentadas que ilumina. Nos basta sacar de nuestra experiencia esta conclusión: que el cielo, considerado en conjunto, con sus luces y sombras, es más luminoso que la tierra, más luminoso que el objeto más blanco de la tierra, si no recibe directamente los rayos del sol. Esta es generalmente la ambición de los más elevados pintores, el expresar esta verdad. No hay, en efecto, medio más sencillo y más seguro, para hacer a un cuadro interesante, que el de oponer la luz del cielo a la oscuridad de la tierra. Que vuestro cielo sea sereno y luminoso, y que árboles, montanas, torres sombrías o cualquier otro objeto terrestre se destaquen valientemente sobre ese fondo. El espíritu del espectador aceptará con gratitud la verdad sublime y solemne que afirmaréis así.

Pero este contraste entre cielo y tierra no tendrá valor sino en tanto que comprendáis primero a la tierra en si misma. Si menospreciáis a la tierra o la calumniáis, si no miráis más que a su tristeza y si olvidáis su encanto, no os agradeceremos el que hayáis hecho el cielo luminoso. Pero si después de haber trabajado sobre la tierra, después de haber estudiado lo que ella encierra, sus colores, formas y estructura, si después de esta podéis exclamar: "El cielo es luminoso", afirmaréis una preciosa verdad, no antes. Giovanni Bellini conocía bien la tierra, y la pinta por entero, hasta la más pequeña hoja de higuera, hasta la menor flor marchita con sus colinas azules y sus ciudades blancas, sus vestidos resplandecientes y sus cabelleras doradas; sabe dar a cada cosa su brillo y su encanto: después declara, como pueden hacerlo sus pobres labios humanos, que el "cielo es más luminoso" que todas esas cosas. Pero Gaspar y los paisajistas de su escuela pintan al suelo florido de la Naturaleza como si fuera un desierto, y a su hermoso follaje como a una masa oscura, y borran y confunden sus formas delicadas. ¿Podremos reconocerles después de esto, si con la cobarde melancolía y la indolencia traidora de su corazón afirman muy bajo lo que los otros habían descubierto mucho antes que ellos, la claridad del cielo? No les reconocemos más que porque percibiendo este último resplandor de verdad, descienden menos bajo que algunos de sus discípulos, caídos de la pereza en el ateísmo, que declaran hoy en sus fondos sombríos que el cielo no es luminoso.

Veamos, pues, cuáles son los colores de la tierra.

Una montaña situada a una distancia de cinco o seis millas en una hermosa mañana de sol en Suiza, afectará poco más o menos, en relación con el cielo, un grado de oscuridad dado, mientras que el cielo suizo, si contiene nubes blancas, formará un fondo oscuro sobre el cual se destacarán éstas vigorosamente. Sin embargo, si volvéis a hacer la experiencia del papel blanco, encontraréis muy probablemente que la parte más oscura de la montaña –su hendidura más profunda, su sombra más negra– *será más blanca que el papel*. Hice esta observación una calurosa mañana, de un cielo azul claro, a eso de las once; las sombras de la montaña eran de un gris violeta y sus partes luminosas, verduscas. Y su parte más oscura era, sin embargo, más clara que la hoja de papel blanco, colocado en plena luz en la ventana. Es generalmente imposible representar con sus *verdaderos* colores, en pleno día, las partes de un paisaje distante de nosotros dos o tres millas. Las sombras más profundas son más blancas que el papel.

A medida que los objetos se aproximan a nosotros, llega a ser más posible ofrecer una imagen fiel; ¿hasta qué punto? La misma experiencia nos lo enseñará. Poned el borde del papel al lado del objeto que deseáis pintar, y sobre este borde –tan escrupulosamente como una dama compara los colores de su vestido– comparad vuestro color (al que habréis añadido algo de blanco, para poder fácilmente hacer más oscuro o más claro) e igualadlo al del paisaje. Guardaos de imitar el tono como creéis que debe ser: copiadlo tal cual es, de manera que no pueda distinguir entre el color de vuestro papel y el del paisaje. Comprobaréis entonces (si no lo habéis hecho antes) que las sombras de los árboles, que creíais eran verde oscuro o negras, son violeta pálido; que las superficies claras, que creíais verdes, son amarillas, morenas o de un oro intenso, la mayor parte demasiado luminosas para poder ser pintadas. Cuando todos los matices imitables hayan sido debidamente igualados, haced un bosquejo de las grandes masas del paisaje por medio de esos colores cuya fidelidad habéis alcanzado, y os sorprenderá el reconocer que habéis empleado los colores de Turner, esos mismos colores de los cuales os habéis burlado tal vez toda vuestra vida. Porque de todos los hombres, *este es el único que haya jamás dado a la Naturaleza sus propios colores.*

"¿Pero cómo sucede –responderéis impacientemente– que siendo estos los verdaderos colores parecen tan poco naturales?"

Porque no pueden ponerse en relación con el cielo y los otros centros luminosos. La Naturaleza pinta sus sombras de violeta pálido, pero pone en seguida tan alta la intensidad luminosa del cielo y del sol, que ese violeta pálido llega a ser, por contraste, muy oscuro. El pobre Turner no puede crear un sol para oponerlo a sus matices pálidos. Sigue dócilmente a la Naturaleza tan lejos como puede; pone el violeta pálido en donde ella lo pone, el oro brillante en donde ella lo pone. Después, cuando llega a la cumbre de la pendiente luminosa, abre las alas y deja la tierra, que arde en un fuego inefable. Él extiende los brazos, tranquilo y resignado, hacia la burlona que le abandona. ¿Qué más podría hacer?

"Pero –objetaréis todavía– ¿esto es justo y discreto? ¿No deberíamos ofrecer los contrastes entre los objetos, más bien que reproducir los matices exactos de algunos de ellos, dejando a los demás sin imitar?"

Si, si esto fuese posible; pero los verdaderos contrastes no pueden jamás reproducirse. Toda la cuestión está en saber si seréis inexactos en un extremo de la escala o en el otro, si os perderéis en la luz o en la oscuridad. Me haré comprender mejor por medio de algunas cifras. Suponed que la luz más intensa que queréis imitar sea la de nubes débilmente luminosas en un cielo sereno. (Dejo aparté el cielo y las estrellas por imposibles de imitar, aun aproximadamente, en pintura, con cualquier artificio que pudiésemos emplear.) Suponed en seguida que la escala de gradación entre estas nubes y las sombras más oscuras suministradas por la Naturaleza, puede medirse y ser dividida en 100 partes iguales (representándose a la oscuridad por 0). Midamos inmediatamente nuestra propia escala, colocando nuestro negro más intenso en 0. Podremos seguir con exactitud a la Naturaleza todo lo más hasta su grado 40; siendo el resto más blanco que nuestro papel blanco. Debemos, pues, con nuestra escala de 0 a 40 reproducir los contrasten que ofrece una escala que va del 0 al 100. Si queremos reproducir fielmente estos contrastes, podemos primero hacer coincidir a nuestro grado 40 con su 100:, al 20º con el 80º y al 0 con el 60º, perdiéndose todo grado inferior en el negro. Tal es, con algunas modificaciones, el método adoptado por Rembrandt. O bien podemos hacer coincidir nuestro 0 con el 0 de la Naturaleza, nuestro 20 con su 20 y nuestro 40 con su 40, perdiéndose todo grado superior en el blanco. Tal es, con algunas modificaciones, el método adoptado por Veronés. O bien podemos, por último, hacer coincidir al 0 con el 0, al 40 con el 100, al 20 con el 50, al 30 con el 75 y al 10 con el 25, manteniendo las mismas proporciones en los espacios intermedios. Tal es, con algunas modificaciones, el método adoptado por Turner. Las modificaciones en cada caso provienen de la tendencia de cada uno de estos maestros a adoptar en cierta medida uno de los otros dos sistemas. Así es que Turner, como Pablo Veronés, prefiere conservar sus matices perfectamente exactos hasta cierto punto, es decir, el hacer coincidir su 0 con el 0 de la Naturaleza, su 20 con el suyo y avanzar en seguida hacia la luz con pasos prudentes y rápidos, empleando el 27 para el 50, el 30 para el 70, y reservando todavía alguna fuerza para ir del 90 1al 100. Rembrandt modifica su sistema en sentido inverso, empleando el 40 para el 100, el 30 para el 90, el 20 para el 80, y descendiendo en seguida con sutileza –10 para 50, 5 para 30–. Casi todo, entre 30 y 0 se pierde en la oscuridad, reservando un matiz más recargado para que su 0 coincida con el otro 0.

Si representamos los diversos métodos en un cuadro, obtendremos:

NATURALEZA	REMBRANDT	TURNER	VERONÉS
0	0	0	0
10	1	10	10
20	3	20	20
30	5	24	30
40	7	26	32
50	10	27	34
60	13	28	36
70	17	30	37
80	20	32	38
90	30	36	39
100	40	40	40

Es evidente que con el sistema de Rembrandt no solamente son falseados los contrastes como en Veronés sino además todos los colores de un extremo al otro de la escala. Para Turner y Veronés, el 10 de la Naturaleza es hecho por el 10 y su 20 por el 20, lo que les permite permanecer fielmente hasta cierto punto. Pero para Rembrandt no coincide ningún valor y solo los contrastes de la parte más alta de la escala son respetados. Esto supone naturalmente un tema, tal como el paisaje, que hace resaltar toda la insuficiencia del método. Rembrandt escogía en general temas en los cuales le era posible expresar aproximadamente los colores; cabezas sobre un fondo sombrío, por ejemplo, en las cuales la intensidad luminosa de la Naturaleza no rebasaba apenas la suya y en los que podía hacer coincidir su 40 con el suyo. Tal sistema no puede justificarse más que aplicado a tales asuntos. Cuando tenemos que reproducir, por el contrario, toda la escala luminosa de la Naturaleza, Turner y Veronés se aproximan mucho más a la verdad. Pero el público se deja impresionar en general más fácilmente por la intensidad luminosa que por la fidelidad de los colores; reclama el efecto del cielo y de los valores más altos, y los colores verdaderos le parecen extraños, una vez privados del contraste ofrecido por estos valores en la Naturaleza. Si se le presenta, por el contrario, este contraste, no le sorprenderá la falsedad de los colores. Los cuadros de Nicolas Poussin y de Salvator Rosa –y de todos los pintores que como ellos obtienen sus efectos oponiendo a su máximum de luz un primer término mucho más oscuro– encantan a la mirada y parecen ser fieles a la Naturaleza, mientras que la verdad pura, expresada por Veronés y Turner, desdéñase como inverosímil. Veronés tiene que sufrir menos este prejuicio que Turner, porque se limita a representar los objetos más fáciles de imitar, telas, figuras y arquitecturas, en los que la delicada precisión de su colorido, que corresponde al límite inferior de la escala de valores, encanta desde el principio. Pero Turner trabaja igualmente con el *límite superior* de la escala, pinta efectos de sol y otros temas del mismo género más o menos inimitables, y los artificios del oficio que está obligado a emplear para este fin se contradicen marcadamente. Se notará igualmente que a fin de reservar en la escala un poco de su potencia luminosa, Turner está obligado a disminuir sus gradaciones del centro (ved la tabla), en donde esta disminución no puede dejar de sentirse. El punto en donde disminuye sus gradaciones medias está situado casi siempre entre cielo y tierra. Pinta a la tierra tan fielmente como es posible, hasta el horizonte, después el cielo, más aproximadamente por medio de los tonos comprendidos entre sus grades 30 y 40. Uno y otro se unen en el horizonte y el espectador se queja de no poder distinguir suficientemente a la tierra del cielo o de que la tierra no *parece bastante sólida.*

Tomemos una columna blanca que sirva de modelo. Rembrandt no la representa así más que en su punto más luminoso, y para obtener fieles gradaciones entre este punto y la sombra más fuerte, está limitado al 0, es decir, al negro, para representar el lado oscuro de la columna. Este primer ejemplo caracteriza igualmente al método de Leonardo. Turner nos ofrecerá el centro luminoso, pero su parte más oscura no sigue siendo menos pálida y las gradaciones que dan relieve al objeto presentar una delicadeza de matices extremada. Supongamos la misma columna ejecutada por Veronés. Aunque más intensa de un lado, la luz es más difusa que en Turner; la convicción del artista de que el color *blanco* de la columna debe resaltar más que su redondez, y de que sus partes más oscuras deben también resaltar sobre los objetos que la rodean, engendra forzosamente cierta falta de relieve.

Esta convicción de Veronés deriva del profundo respeto que el más notable y delicado de los coloristas de la antigua escuela tenia por el *tono* preciso del objeto que había de pintar. Los sistemas de los tres maestros de que acabamos de hablar, varían, en efecto, conforme a la mayor o menor escrupulosidad que tienen en alterar el color natural.

Tomad el trozo de papel más blanco que podáis encontrar y echadle una mancha de tinta. Exponed en seguida vuestro papel al sol de manera que aparezca tan luminoso como sea posible, sin hacer *brillar*, sin embargo, a la mancha húmeda. Comprobaréis que la tinta es de un negro intenso, más intenso que nunca, porque contrasta violentamente con el papel.

Llevad ahora lentamente vuestra hoja de papel hacia el rincón más oscuro de la habitación; el contraste entre el negro y el blanco disminuirá progresivamente; una vez en la oscuridad, desaparecerá completamente. La tinta húmeda constituye el color más oscuro que pudiéramos obtener con los medios de los cuales disponemos; absorbe toda la luz que recibe, y no podemos representarnos mejor su naturaleza que como una parte de noche portátil. Cuanto más reforzáis la luz del día alrededor de este fragmento de noche, más vigoroso es el contraste entre los dos colores. Y por regla general, cuanto más ilumináis un objeto que contenga un dibujo o una mancha, más aparentes son este dibujo y esta mancha.

La oposición entre la tinta negra y el papel blanco es, notadlo, la más potente que el arte pueda realizar. Si este contraste debe, pues, expresarse fielmente, no podemos emplear en la sombra más oscura un negro más recargado que el que empleamos en plena luz para un dibujo negro. Si el artista tiene por fin, sobre todo, el ofrecer el color, éste debe reproducirse en cualquier caso, tan exactamente como sea posible, en *donde resalte más*, es decir, en la luz. Ésta es la causa de que Veronés y todos los grandes coloristas venecianos pinten el negro intenso en plena luz, dejando a la sombra que se forme libremente.

Pintan aun algunas veces su negro un poco más recargado en la luz que en la sombra, a fin de hacer aparecer todavía mejor el contraste en cuestión.

Volved a empezar la experiencia, sustituyendo con una mancha de carmín la de tinta. Veréis que esta vez el contraste parece poco más o menos el mismo, tanto en la sombra como en la luz, el blanco y el rojo son más claros o más oscuros simultáneamente, y si pierden al mismo tiempo en la oscuridad. El hecho es que el contraste se acentúa a medida que la luz es mayor, porque en plena oscuridad no es perceptible. Pero no podéis aumentarlo llegando a un cierto límite. Pasando este límite, el rojo y el blanco se iluminarán juntamente. Llegará aún un momento en la claridad más intensa en que el contraste tenderá a *disminuir*, porque el sol hace resaltar las partículas de polvo que contiene el color y que tiende a disminuir su intensidad. Ésta es la causa de que una claridad moderada sea más favorable para a observación de ciertos colores. No favorece al matiz muy delicado de un rostro el exponerse en pleno sol, y las vetas del mármol y los colores de un cuadro no aparecen claramente más que en la sombra.

Cuanto más puro y pálido es el color, más lo recargan en la sombra los grandes coloristas venecianos, y le hacen además variar de intensidad con la luz que recibe. Los que tienen por objeto, sobre todo, el representar al sol, recargan igualmente sus colores en la sombra y los hacen más débiles en la luz, de manera que abarquen, de cierta manera, todo su tiempo ¿No habéis preguntado nunca por qué admiráis a la rosa más que a otras flores? Es porque el rojo, delicadamente graduado, es el más encantador de los colores simples, y es también porque no existe *ninguna sombra* en el rosa que no esté coloreada. A causa de la transparencia y del poder de reflexión de los pétalos, las sombras tienen un color aún más rico que las partes iluminadas.

El uso del color más pálido en la parte iluminada y el recargado en la sombra, es el practicado por los venecianos; sistema que emplean la mayor parte las veces aun para los colores fuertes los pintores que se esfuerzan en reproducir los efectos de sol Este es, generalmente, el método de Turner. Rembrandt y Leonardo, con su sistema, no podían hacer resaltar el color del dibujo del lado oscuro, porque por intenso que sea, acaba siempre por ser absorbido por su oscuridad exagerada.

De todos los elementos de la indagación que proseguimos, el lector debe dar cada vez más importancia a la verdad de que todas las formas de arte dignas de este nombre resultan de cierta elección entre diversas categorías de hechos, de las que algunos solamente pueden ser representados y los otros necesariamente excluidos y que la perfección de cada estilo depende, ante todo, de su armonía de la fidelidad con que obedece, tanto como sea posible, a las verdades elegidas; y después de sus altas miras, del número de verdades que haya de conciliar y de lo conscientemente que reconozca las que deba excluir, aun cuanto no pueda representarlas. Un gran artista me parece un hombre sabio y hospitalario que no dispone más que de una casita. Una multitud de personas esperan su invitación, pero escoge discretamente de entre ellos los huéspedes compatibles entre sí; se dedica a hacerles todo el bien posible, y no olvida pensar en los que no ha podido recibir. Mientras que el pródigo, que quiere recibir a todos, deja a la mitad en la escalera, ignorando hasta su nombre, y pierde él mismo, por su ligereza, el agrado de los que han podido encontrar puesto. Los que se deciden a invitar se distinguen los unos de los otros por la elección de la sociedad, y los grandes artistas se dividen en dos grupos: los que pintan sobre todo para el color, como Veronés, Ticiano y Turner, y los que pintan sobre todo para los efectos de sombra y de luz, como Leonardo da Vinci, Rembrandt y Rafael. Los más grandes artistas que pertenecen a cada una de estas categorías conceden en su obra un lugar subordinado ya a la luz ya al color. Pablo Veronés introduce cierto claroscuro, y Leonardo cierto sentido del color. Pero Leonardo, Rembrandt y Rafael no dejan menos una gran parte de los cuadros en una sombra (gris oscura o terrosa) relativamente incolora los cuadros porque empiezan por poner sus centres *luminosos*, y *descienden* la escala de tonos hasta el negro; mientras que Veronés, Ticiano y Turner componen sus lienzos como una rosa, bañando sus sombras de un color cálido, y se elevan en una escala de tonos cada vez más pálidos y delicados en la luz; y *empiezan* por poner sus *sombras* y *llegan* al blanco.

El método de los coloristas presenta, desde este punto de vista, un inconveniente y tres ventajas. El inconveniente deriva de que, no disponiendo de un tono tan marcadamente opuesto, les es imposible el dar a las formas el relieve que los partidarios del claroscuro pueden darles exagerando los contrastes. Por esto es por lo que, comparadas con las obras de Rafael o de Rembrandt, las obras de los grandes coloristas aparecen siempre con poco relieve. Cuando se trata de reproducir la forma de un objeto aislado, con todos sus detalles, el método de Leonardo ofrece a menudo muy buenos resultados. Es generalmente adoptado por Alberto Durero, en sus grabados, y puede ser extremadamente útil, practicado por un maestro, para los diversos procedimientos del grabado; pero es, como veremos, completamente defectuoso para el *estudio*.

La primera de las tres ventajas que los coloristas obtienen sobre sus rivales consiste en la fidelidad *absoluta* de sus colores, de la mayor parte de sus lienzos, como lo hemos mostrado más arriba, mientras que los que usan el claroscuro no alcanzan en nada tal grado de exactitud. En los coloristas, las sombras son verdaderas, y las luces falsas; pero en los que emplean el claroscuro son falseadas, tanto las unas como las otras. La según da ventaja es que las *relaciones* de color son mejor graduadas por los coloristas. Excluyendo la idea de color en sus dibujos y no cuidándose más que de su sombra abstracta, los que se valen del claroscuro exageran forzosamente las sombras, no sólo en relación con las otras partes del objeto representado, sino también al medio que le rodea; exageran igualmente las luces, representando blanco lo que debería ser rosa o gris, o de cualquier otro color claro.

Pero como este método de estudio caracteriza esencialmente a las escuelas romana y florentina y se asocia en sus más célebres representantes a un conocimiento muy profundizado de la forma y de la expresión, un gran número de artistas han acabado por considerarlo como superior a cualquier otro. Este procedimiento les ha parecido tanto más sublime porque era artificial y podía atribuírsele un carácter filosófico. La primera idea de un niño o de una persona inculta, ante un objeto, es la de que éste es rojo o negro, verde o blanco. "No –dicen estos artistas–; esa es una manera bárbara y antifilosófica de considerar las cosas. El rojo y el blanco no son más que vulgares apariencias; reflexionad sobre ellos y apercibiréis tales o cuales nuevas apariencias. Ateneos a estas últimas; son las únicas heroicas, épicas, históricas, las únicas que merecen representarse." según este elevado principio, dibujan las carnes blancas, las hojas blancas, el sol blanco, ponen todas las luces en blanco y todas las sombras en negro, y se creen muy sabios. Pero cuanto más miro, más veo las razones que hay para valorar, ante todo en un artista, cierta ingenuidad infantil, inocente receptividad. Comprendo, de una manera general, que el primer golpe de vista que echamos sobre un objeto nos muestra sus rasgos más importantes. Si continuamos mirándolo, nuestra vanidad, nuestros falsos razonamientos, nuestro semiconocimiento nos hacen cometer diversos errores y únicamente mediante un examen más atento volvemos a nuestra primera impresión, basada esta vez en una comprensión más perfecta de su naturaleza mística e íntima. Esta observación aplicase especialmente en materia de color. Poned la mano sobre la página de este libro. Todo niño, toda persona inculta reconocerá este hecho esencial: que un objeto moreno rosa aparece sobre un fondo blanco. Pero el gran artista os afirmará que vuestra mano no es rosa y que el papel no es blanco. Oscurece vuestros dedos, oscurece el libro y os hace ver una multitud de venas palpitantes y de músculos salientes y de agujeros negros allí donde no veían antes más que el papel y los dedos. Pero estudiad más y volveréis a recobrar vuestra primera inocencia; veréis que por mucho "que se esfuerce la ciencia, dos y dos no dejan de ser cuatro", y que si el hecho más importante, respecto a vuestra mano, en esta posición, es que no deja de tener cuatro dedos y su pulgar, y que se destaca su color moreno rosa sobre el papel blanco.

Cuando más pienso en ello más me convenzo de que, por regla general, *el orgullo es la fuente de todos los grandes errores.* Todas las demás pasiones pueden ejercer, en ciertos casos, una buena influencia, pero desde el momento en que se mezcla el orgullo, todo se echa a perder; lo que podría hacerse útil, con tranquilidad e inocencia, llega a ser mortalmente peligroso cuando se hace con orgullo. Mientras que es a menudo excelente para un artista hacer los *estudios*, por ejemplo, de ciertos temas, con el fin de conocer sus formas, representando en blanco su lado más iluminado, este mismo método es su ruina desde el momento que lo aplica desdeñosamente y que se imagina dibujar con su gran estilo porque pone sus luces en blanco. Una gran parte de la decadencia del arte moderno débese a los trabajos hechos por ciertos pintores –demasiado inspirados por la metafísica alemana– para ver la Naturaleza haciendo abstracción del color, como si el color fuese una cosa vulgar; han terminado por no ver nada absolutamente. Mientras que la única manera sincera de estudiar un objeto es simplemente la de observar su color allí en donde la claridad es más intensa y de percibirlo lo mejor posible. O si hacéis un estudio de claroscuro, el escoger el gris corresponde a este mismo color y cubrir inmediatamente *todo* vuestro dibujo con este mismo gris, tomando la firme resolución de no poner en ninguna parte un tono más brillante. Buscad en seguida el punto más oscuro y si, como es probable, ese punto es todavía mucho más claro que el negro, o que otros objetos que le rodean, adoptad un cierto tono tan oscuro como sea posible, si existen estos objetos, pero que no sean tampoco sombríos. Fijad a este punto como el límite de vuestra sombra, y entre estos dos límites tratad de poner tanto dibujo como sea posible, con sutiles gradaciones. De esta manera deberéis poner vuestro talento a prueba; y veréis que este procedimiento, a primera vista infantil, reclama mil veces más técnica que todas las abstracciones seudocientíficas que se hayan inventado nunca.

Éste es igualmente, no se puede dudar más, el procedimiento que despierta mejor la sensibilidad en otro. La tercera gran ventaja que poseen, en efecto, los coloristas, es que el placer que producen sus cuadros, su majestad, su nobleza, crecen en razón misma de la proporción de luz y de colores que introducen en *sus sombras*, en oposición a los negros y grises de los que emplean el claroscuro. Lo que hemos visto respecto al uso hecho del color por los poetas confirma esta verdad. Pero tal vez no he insistido suficientemente sobre la más sencilla de todas las pruebas que nos es licito verificar, en cualquier instante: la manera en que Dios ha empleado el color en su creación para iluminar constantemente todo lo que encierra de más puro, más inocente y más precioso, mientras que ha reservado sus matices más comunes para los objetos de utilidad puramente material o nocivos para el hombre. Considerad un instante en qué mundo viviríamos si todas las flores fuesen grises, todas las hojas negras y el cielo terroso. Figuraos esto tan bien como sea posible, y preguntaos en seguida si el mundo revestirá un aspecto más sagrado, para ser así transfigurado, según los matices y las sombras de la *Transfiguración* de Rafael.

A todos los hombres sanos y bien equilibrados les gusta el color: nos fue dado para reconfortarnos y alegrarnos. Esta abundantemente extendido en las obras más sublimes de la Creación, sobre las que deja la prueba de su perfección. Es asociado a la vida en el cuerpo humano, a la luz en el cielo, a la pureza y a la dureza en la tierra; la muerte, la noche y la concepción quedan incoloras. Si oponemos en absoluto la forma al color, de tal manera que no tengamos otra alternativa que escoger o entre una obra de arte todo forma y sin color (como un grabado de Albert Durero), o todo color y sin forma (como una imitación de nácar), desde luego que la forma nos parecerá infinitamente más preciosa. Desde luego, igualmente que cuando se intente explicar la esencia de las cosas, la forma nos parece esencial y el color más o menos accidental. Pero desde el momento en que interviene el color, importa que, cualesquiera que sean los errores cometidos, además sea exacto. Así puede ocurrir que la música de una canción pueda no ser tan indispensable para su influencia como las palabras, pero sin embargo, desde el momento que se canta, es necesario que sea justa, so pena de quitar interés a las mismas palabras; mejor será seguramente que las palabras sean ininteligibles que no las notas falsas.

Como he dicho además, la misión del pintor es la de pintar. Si sabe dar colorido a su lienzo, es pintor, aunque no pueda hacer nada más; si no sabe dar colorido, no es pintor, aunque pueda hacer todo salvo eso. Pero es imposible, si es buen colorista, que no pueda hacer algo más; porque un fiel estudio permitirá siempre distinguir la forma, mientras que el estudio de forma más detallado no permitirá saber el color. El que pueda percibir todos los grises, rojos y violetas de un pez, pintará al pez redondo y completo; pero el que no haya estudiado más que su figura esférica, puede no percibir sus grises y violetas, y si no los ve, no llegará nunca a dar a su estudio el aspecto de un pez. Una gran potencia colorista revela siempre una gran inteligencia de artista. Los croquis ligeros de caricaturistas pueden expresar a veces las expresiones más sutiles, pero el colorido reclama un talento profundo y serios estudios; éste es el don más raro y el más precioso que puede adquirir un artista. Todas las demás cualidades pueden aplicarse mal, pero ésta le guiará hacia las verdades más sanas, más naturales y más fecundas de su arte; si sigue a los filósofos, peligra la locura, si a los puristas, la mentira, pero él permanecerá sano y salvo si comprende por completo a un colorista.

Primero: Considerado como esencial.

En los capítulos precedentes hemos estudiado la naturaleza del arte de Turner: primero, desde el punto de vista de la simpatía experimentada por el artista ante su tema; después, desde el punto de vista de la fidelidad con que expresa los detalles, y por último, desde el punto de sus principios como colorista.

Debemos abordar ahora sus principios de *dibujo* que le inspiraron esa ejecución misteriosa, y a primera vista, vacilante, por la que se distingue de la mayor parte de los demás pintores. Hemos llegado más arriba a esta conclusión: que todo elevado dibujo debe ser claro, haciendo, sin embargo, algunas excepciones respecto a cierto carácter vago inherente a las obras más sublimes. Esta contradicción aparente ha sido confirmada por lo que hemos dicho de la naturaleza del arte moderno y de la manera en que se distingue precisamente del arte antiguo por su carácter vago y por sacrificar los detalles al efecto del conjunto. De todos los maestros modernos, Turner es tal vez al que consideraban los más neutrales como el representante de esta nebulosidad propia del siglo XIX, de esta manera de "hablar ingeniosamente del humor'. En cada una de sus composiciones se revela en efecto una tendencia a no ver más que una parte de los objetos que pinta y a velarlos con nubes y niebla.

Siendo maestro del método moderno, tiene contra él no solamente a los mejores primitivos, sino también a una parte muy importante de las los autoridades modernas. Ya lo hemos visto, todos los grandes artistas eran claros antes del siglo XVII. Bellini, Leonardo, Angélico, Durero, Perugino, Rafael detestaban la niebla y repudiaban con indignación toda clase de velos. Ponían su orgullo en una visión clara, tranquila, plácida, inalterable –próxima o lejana– en la lucidez de su horizonte infinito, en la veracidad de una luz eternal, en la exactitud perfecta del dibujo de cada hoja, de los árboles, des las flores de los campos hasta el límite extremo de serena transparencia que pueda alcanzar la mirada y expresar el pincel. En el otro campo –el del misterio absoluto– no tenemos más que la sombra de Rembrandt, al violento Salvator Rosa, el frágil y ligero Loraine, a veces algunas figuras de Correggio y Ticiano, y una o dos fantasías de Tintoretto, lo que no puede bastar para restablecer el equilibrio. Aun en la el época actual, poniendo a Turner fuera de la cuestión, podemos colocar a Stanfield y Harding entre los a partidarios de la claridad,, a Copley, Fielding y Robson entre los que prefieren las nubes; Mulready y Wilkie en oposición a Etty, y debemos colocar a todos los prerrafaelistas –ciertamente la escuela más notable de arte, considerada en su conjunto, que la Europa moderna ha producido– junto con los antiguos maestros religiosos; no cesan de afirmar con ellos sus simpatías por la luz y su hostilidad respecto a la tiniebla. Las nubes parecen próximas a perder la partida y creo no poder decir ya nada en su defensa. Habiendo sido yo mismo, sin embargo, un adorador de las nubes, y habiendo pasado muchas horas en perseguirlas de grieta en grieta, debo intentar, no obstante, y a pesar de todo, defenderlas, y a Turner con ellas.

La primera y principal observación que se puede presentar, consiste en decir que las nubes existen. Que nos gusten o no, es el hecho que los más vastos espacios del mundo habitable las contienen. Tal es la voluntad de la Naturaleza en este punto; habremos hecho bien en decidir teóricamente lo que podría ser mejor o más bello; ella ha decidido desde hace mucho tiempo lo que *será*. Podemos afirmar que los más notables paisajes exigen un horizonte claro y un cielo azul, pero el lecho del río por la mañana no dejará de ser indicado por una cinta de niebla blanca, y no percibiremos en la noche los picos montañosos más que a través del montón de nubarrones azules que los coronan. Este hecho es tan constante, que es imposible llegar a ser un fiel paisajista sin estar obligado constantemente a representar efectos de este género. Podemos, en verdad, evitarlos sistemáticamente; pero seremos en ese caso mezquinos y afectados.

Nos encontramos, no solamente en presencia de un misterio *parcial* y variable, causado por la presencia de las nubes y nubarrones que cubren grandes extensiones de paisaje, sino que existimos además en un misterio constante que reina *en todo* y es causado por la naturaleza infinita de las cosas. *No vemos nunca nada claramente.* Todo objeto que miramos, pequeño o grande, próximo o lejano, encierra en él una parte igual de misterio. Y la cuestión que se nos presenta, no es la de saber en qué proporción existe este misterio, sino en qué parte del objeto empieza la ilusión que entraña. Creemos ver claramente al suelo bajo nuestros pies, pero si intentamos contar los granos de polvo que le cubren, veremos que se nos presenta lleno de duda y confusión; no hay, de hecho, *ningún* punto que pueda verse claramente, y no podrá haberlo nunca. Lo que nosotros llamamos ver claramente un objeto, no es más que ver lo suficiente para *poder reconocer lo que éste es*; el punto en que tenemos esta visión varía según la distancia que nos separa del objeto, según sus dimensiones y según su naturaleza, pero la cantidad de misterio sigue siendo casi siempre la misma.

Cuando estaba echado el otro día para reposar sobre el lado de la colina alrededor de la cual el Ródano describe su curva, frente a Martigny, y cuando miraba atentamente a través del valle la cumbre de la colina que domina a Martigny, distante unas cuatro millas, el tallo de hierba de una pulgada de largo y la cabeza marchita de una escabiosa de media pulgada, que crecían en la hierba cerca de mí, se perfilaron sobre la lejana colina junto a los grandes abetos y castaños que la coronan. La hierba estaba a seis metros de mí y la escabiosa a cuatro, y a esta distancia la hierba y los abetos lejanos me aparecieron con la misma claridad (era un hermoso día y el sol bajaba hacia el oeste). Veía las ramas de los abetos a una distancia de cuatro millas, pero no podía contarlas; y distinguía las masas de follaje de dos o tres jóvenes o viejos castaños junto a ellos, pero no podía contarlos; reconocía estos árboles por un aspecto general. Por su aspecto general había reconocido igualmente la hierba y la escabiosa. Vi que la hierba tenía un aspecto rugoso y dos pequeñas prominencias bajo la escabiosa que sabía eran las hojas del cáliz. Pero no hubiera podido contar tampoco las simientes de la hierba o el grupo de hojas que forman el cáliz de la escabiosa, como no hubiera podido contar las ramas de los abetos a lo lejos.

En estas condiciones es evidente que ni el abeto, ni el plátano podrían ser representados por un solo rasgo o una sola mancha de color. Podrían representarse todavía menos, por un dibujo definido en una pequeña escala, indicando claramente todas las ramas del abeto y todas las simientes de la hierba. La mancha redonda y el rasgo no representarían nada y el dibujo representaría demasiado. No eran solamente las manchas de color lo que yo percibía en la cima de la colina, sino algo que revela la esencia del abeto, algo por lo que podría distinguir a los árboles jóvenes de los viejos y a los abetos torcidos de los árboles sanos, en donde podría percibir el sol de la tarde tejiendo sus hilos entre el follaje sombrío, ciertamente así como las simples manchas de color. Y sin embargo hubiera sido imposible el distinguir o dibujar una sola de sus ramas. Tanto si hubiese representado claramente un abeto, como si no hubiese puesto más que una mancha de color en su lugar, me hubiera equivocado igualmente; la verdad consistía en una confusión inexplicable y casi inimitable entre los dos extremos.

"¿Pero esto no sucede únicamente con los abetos situado a cuatro millas de distancia, o con las hierbas situadas a seis metros?"

De ninguna manera. Todo lo que entra en el campo de la visión es tan borroso, y no puede representarse más que en estas difíciles condiciones. Haced la prueba. Tomad el objeto más corriente, el más próximo, el más familiar, y esforzaos en representarlo sinceramente tal como lo veis. No os engañéis porque sin esto os encontraréis constantemente dibujando no lo que veis, sino lo que *sabéis*. Lo mejor, para empezar, es que os sentéis frente a una biblioteca a tres metros de distancia (no ante la vuestra, de manera que no conozcáis ninguno de los títulos de las obras) e intentad el dibujar los libros exactamente, con sus títulos y los adornos de encuadernación tales como los veis. No dejar vuestro puesto para examinarlo desde más cerca, pero dibujarlos tales como os aparecen, ofreciendo el aspecto preciso de los títulos, aunque éstos sean (como sucederá en la mayoría de los casos) perfectamente ilegibles. Probad en seguida el reproducir un pedazo de muselina bordada o de encaje (del que ignoréis el dibujo), colocando el objeto a una cierta distancia y en la sombra. Y esforzaros en conseguir toda la gracia y *aspecto* general del dibujo, sin aproximaros para ver lo que es. Haced después la misma experiencia con un talud cubierto de hierbas o un matorral cubierto de hojas, y comprenderéis entonces la ley universal de oscuridad bajo la cual vivimos, y os daréis cuenta de que todo dibujo demasiado *claro* será *malo* y que nada puede ser verdadero más que lo incomprensible.

"¡Qué! y el Prerrafaelismo, y todo lo que no habéis cesado de repetirnos a este respecto?"

–No importa. El Prerrafaelismo es completamente tan incomprensible, como es necesario para satisfacernos. Examinad de cerca una obra prerrafaelista, y veréis que estas leyes aparecen en ella perfectamente. Podéis distinguir una cabeza de escabiosa y un abeto, y ver perfectamente lo que en representan; pero no dejan de estar menos envueltos en el misterio, y sugieren más de lo que dicen. Lo mismo ocurre con Turner, el verdadero jefe de la escuela Prerrafaelista. Veréis, las manchas del dorso de la trucha que yace muerta en el primer término, pero no podréis contarlas. Sólo los alemanes y los llamados maestros del dibujo están equivocados, no los Prerrafaelistas.

Tanto, desde luego, como es humanamente *posible* el alcanzarla verdad absoluta en esta materia: un vasto paisaje pintado por Turner y un rincón interior pintado por Holman Hunt están tan cerca de la verdad, que no es posible que la mirada y la mano del hombre puedan aproximarse más a ella.

"¿Pero qué decir de Veronés y de todos los dibujantes firmes y audaces del pasado?"

Son, es verdad, firmes y audaces, pero son todos misteriosos. No hay ningún gran pintor de entre ellos que no os intrigue, si examináis de cerca lo que ha querido pintar. Su concepción general es suficientemente clara, como lo es la de la Naturaleza; pero examinad de cerca su pincelada de color, y encontraréis en Veronés, Ticiano, Tintoretto, Correggio en todos los grandes *pintores*, dignos de este nombre, cierto misterio, en el uso del pincel, ya llamado agilidad, ya libertad, ya grandiosidad de ejecución, pero que no es, en suma, más que una confusión extremadamente sutil en los colores y las formas, obtenida bien por una indolencia aparente, bien por unos cuantos retoques discretos, pero siempre existentes de una manera o de otra. Si comparamos una gran obra con su trabajo insignificante, nos parecerá *distinta*; pero si la comparamos con un trabajo que no tiene sino una significación estrecha y limitada, nos parecerá *vaga*. Y si encontramos, examinando de cerca un lienzo, que todo puede explicarse fácilmente, ésta no puede ser una pintura de primer orden. No hay ninguna excepción en esta regla. La perfección más alta no puede existir sin que se mezcle con ella alguna oscuridad.

"¿Pero no decíais que Turner tiene en su contra a todos los grandes maestros –Ticiano y Veronés– así como a los primitivos?"

Esto es exacto, en lo que concierne a la elección de sus temas nebulosos, pero en lo que concierne a este principio de *ejecución*, todos los grandes pintores están con él, aunque de primera intención parece diferir de ellos a causa de la elección de sus asuntos. En lugar de pintar los objetos en condiciones de que sus caracteres generales pudieran reconocerse inmediatamente (como Veronés pinta la figura humana de tamaño natural), los pinta generalmente a una distancia de veinte o treinta millas, cuando aparecen reducidos al estado de sombras raras e indescifrables.

"Hablemos, pues, de esta elección de lo nebuloso. ¿Puede justificarse *esto*?"

–Trataremos esta cuestión en el próximo capítulo. Atengámonos por ahora a la cuestión técnica.

"Para atenernos a esto, ¿cómo sucede que una fotografía, parece siempre clara y limpia, al contrario de un Turner?"

–Las fotografías no son nunca absolutamente claras. Pero como a la claridad se le llama la primera cualidad de una buena fotografía, tenemos cuidado en no escoger más que los objetos claros y diferentes a los de Turner. Las pruebas veladas y vagas, que son a menudo precisamente las que copian mejor a la Naturaleza, son desechadas y solo se conservan las pruebas claras. Estas últimas deben la mayor parte de su claridad a los errores del procedimiento. La fotografía exagera las sombras o los detalles en la luz, y desde más de un punto de vista, no presenta los *efectos* más sutiles de la Naturaleza, que son precisamente los que interesan más a Turner; por el contrario, escoge las delicadezas de *forma*, que ningún artista podría expresar. Pero una buena fotografía de un tema turneriano se asemeja más bien a una obra de Turner que a la de cualquier otro artista.

Podemos, pues, asegurar que es indispensable cierta confusión en una gran pintura y en una obra perfectamente acabada. Como todos los objetos encierran cierto misterio, así todas las obras que los representan deben encerrarlo también. Si podemos distinguir inmediatamente lo que el artista ha querido expresar, ya esté el objeto próximo o lejano, debe existir un error. Las manchas de color, examinadas de cerca, deben parecer confusas, extrañas, incomprensibles, no teniendo ni principio ni fin, lavándose la una en la otra, apareciendo el límite de una sobre otra, perdiéndose para encontrarse en seguida, o desapareciendo por entero, y si podemos en alguna parte del cuadro figurarnos claramente lo que representan, esta parte debe ser mala o inacabada.

Notad, sin embargo, que el método por el que se obtiene esta confusión varía considerablemente, según la distancia a que debe verse el cuadro y según su escala.

No he visto a ninguno de nuestros retratos de la Academia transformado en Ticiano por el solo hecho de que fuera colgado más alto que los otros. Sin embargo, la *distancia* produce cierto efecto en el color, y generalmente un efecto favorable. Aumenta así el valor relativo de los colores y de las sombras. Una mancha de sombra, apenas visible de cerca y sin efecto sobre el conjunto, llegará a ser vista, a alguna distancia, una sombra bien definida, ejerciendo una marcada influencia sobre todo lo que la rodea. Esto es de tal manera que, en el mejor trabajo, aun es ver demasiado la mancha que nosotros hacemos; debemos confiarnos, por esto, al tacto de la mano, y no deben ser vistas más que a alguna distancia, en conjunto. Esto parece extraño, pero creo que la razón está en que, vistas a distancia, se reúnen las diversas porciones de color y las relaciones que las unen se revelan a la vista, mientras que, vistas de cerca, parecen sueltas y confusas.

Del mismo modo, una mancha oscura ganará a cierta distancia en *oscuridad*, una mancha clara en luz, una mancha de color en *color*, en una proporción que un profano no podrá concebir. En efecto, un buen pintor está obligado, trabajando cerca de su cuadro, a no hacer más que la mitad de lo que desea, haciendo la distancia el resto. Si, aun a cierta distancia, el efecto debe ser vago, visto de cerca debe aparecer la obra algunas veces tan confusa que no se pueda distinguir nada en ella. Ésta es la causa de la estupefacción con que el público ha acogido los más bellos lienzos de Turner, que de cerca no parecen sino un trabajo insensato y desordenado, en donde todo es hecho al azar, pero que cuando se les comprende aparecen combinados en vista de un fin previsto, como las jugadas más sutiles del ajedrez; los asistentes no pueden saber, durante mucho tiempo, el pensamiento que las ha inspirado, pero éstas no dejan de conducir, de una manera maravillosa, al resultado previsto e inevitable.

Ningún otro medio hubiera podido llevar a este resultado. Lo que de lejos parece ser el pliegue de un traje, visto de cerca se reduce a dos o tres granos de oro echados aparentemente al azar; lo que de lejos es un mármol sólido, de cerca es una sombra gris de líneas borrosas, tan confusas que no es fácil definirlas; lo que de lejos puede ser el rostro de un hombre, no es más que una mancha ligera morena, rodeada de una pincelada circular de blanco, en tanto que tres puntos oscuros sobre esta línea aparecen, a diez pies de distancia, como una boca y dos ojos. Cuanto más delicado es el talento del artista, más considerable será la diferencia entre los procedimientos empleados y el efecto obtenido. Una de las impresiones artísticas más sublimes deriva de esta misma extrañeza y de la simpatía que se experimenta hacia el genio ordenador y vidente del artista. En Turner, Tintoretto y Pablo Veronés, la intensidad de percepción acerca de lo que debe hacerse, seguida de los medios empleados para realizarla, es tan colosal que experimento siempre, en presencia de sus obras, el sentimiento que otros podrían experimentar en presencia de seres sobrenaturales. Se emplea vulgarmente la palabra "mágico" para caracterizar el talento de un gran pintor, sin darnos bien cuenta de su valor. Pero este talento es verdaderamente mágico, tan mágico que, si se le comprendiera bien, no podría parecer la obra de ningún encantador más milagrosa, más *horrorosa*. Aunque la timidez me impida rara vez el decir lo que deba, temería molestar al lector si le explicase exactamente el grado y la naturaleza del terror sagrado que me inspiran la *Adoración de los Magos* de Tintoretto, en Venecia, y las *Bodas de Caná*, de Veronés, en el Louvre.

Se comprenderá fácilmente, supongo, cuán fácil es, para los artistas poco clarividentes, el tomar el misterio en que se envuelven las obras de los grandes maestros por indolencia, y la manera en que ocultan sutilmente sus intenciones por indiferencia. Para una persona que pueda reconocer la delicadeza, inventiva y sinceridad de Tintoretto o de Reynolds, hay millares que no pueden distinguir más que el atrevimiento del pincel y la confusión del color. Suponen, pues, que el mérito de sus obras reside en esta audacia, en esta confusión, y que podrán fácilmente rivalizar con Reynolds siendo ininteligibles y con Tintoretto siendo impetuosos. Pero les aseguro que la oscuridad no es siempre admirable, que el ímpetu no está siempre justificado, que el desorden no implica forzosamente la profundidad, ni la prisa la seguridad de la mano. Es difícil a veces comprender los pensamientos de un profundo pensador, pero es también difícil comprender los de un idiota. Y los jóvenes estudiantes comprenderán que es ventajoso, ante todo, el ser claros; no de una manera afectada, sino viril y firmemente. Esforzaros en decir algo, y cada vez que toquéis el lienzo, no ceder ni al amaneramiento de la precisión ni al de la prisa, y confiad al tiempo y a vuestra honrada labor el cuidado de introducir gradualmente en vuestra obra, en la medida que lo permita vuestro genio, la ternura que inspira el amor y el misterio que inspira la potencia creadora.

EL MISTERIO TURNERIANO II

Segundo: Considerado como intencional.

En el anterior capítulo no nos hemos ocupado más que del misterio como condición del gran arte. Nos falta ahora el ocuparnos de esta tendencia a ocultar una parte de los objetos representados, de la que Turner es el tipo más saliente de entre nuestros modernos adoradores de la nube. Por esto el doctor Waagen nota sabiamente que él logra combinar "una mezcla de colores descarnados con un aspecto en general desfumado".

Para defender el carácter generalmente indistinto de sus obras, he apelado, en el último capítulo, a los argumentos generales; para justificar la tendencia a lo vago que le es especial, invocaré razones particulares. A un pintor inglés le gusta naturalmente la niebla, porque ha nacido en un país brumoso, de la misma manera que un pintor italiano prefiere naturalmente la claridad, porque ha nacido bajo un cielo relativamente claro. He oído a una persona que había viajado mucho por Oriente reprochar "el que hiciese tan mal tiempo" en un cuadro de Copley Fielding. Pero a un inglés no debería parecerle mal. El verde de nuestros campos depende de esas lluvias fecundas, de esos torbellinos flotantes de nubes: ésta es la causa de que debamos amarlas y pintarlas.

Pero no estoy reducido a basar mi defensa en este terreno limitadamente inglés. El hecho es que, aunque los climas del Sur y del Oriente puedan ser relativamente claros, no son tampoco absolutamente claros; cualquiera que sea el país que pinte un paisajista. si le representa fielmente, tendrá que pintar constantemente efectos de niebla. Una claridad intensa, como aparece en el Norte inmediatamente antes o después de la lluvia, o en ciertos momentos del crepúsculo en el Sur, es siempre, por mucho que se haya observado a la Naturaleza, un fenómeno *excepcional*. Cierta bruma, o una ilusión motivada por una confusión luminosa que proviene de las nubes, reinan casi siempre; puede variar, según los climas, la distancia a que empiece a producirse el efecto de la bruma, pero no deja por eso de existir, y su presencia está destinada a ser para nosotros una fuente de alegría.

Esta predestinación no me parece difícil de comprender. Hemos podido mostrar varias veces que todos los objetos naturales que representan una gran verdad espiritual nos gustan en particular. No nos debemos sorprender, por consiguiente, porque entre estos fenómenos aparezca la niebla igualmente destinada a agradarnos. Nuestra felicidad, en tanto que seres pensantes, ¿no depende del hecho de que nos conformamos con un conocimiento imperfecto, aun de lo que concierne a lo que aparece más cerca de nosotros? Si insistimos para obtener una comprensión perfecta de todo sujeto moral, ¿no caeremos inmediatamente en la duda y en la falta de creencia? No podemos ser dichosos, activos y enérgicos, no podemos respirar y vivir entre las nubes, si no nos gusta verlas despejarse y hacerse más compactas, si no nos alegramos de percibir, a través de sus velos más finos, alguna parte de un mundo estable y material, si no sentimos la majestad del misterio que la oculta a nuestros ojos y si no nos felicitamos porque su velo se interponga ante su luz demasiado luminosa que podría dañarnos, o ante su claridad infinita que podría deslumbrarnos.

Yo creo que esta hostilidad respecto a las brumas es una de las formas del orgullo que ofrecen muy a menudo las virtudes. Del hecho de que es poco viril conformarse con la ignorancia y la oscuridad más completa, deducimos que siempre es bueno el amar la luz y el extender el campo de nuestros conocimientos. Sin embargo (como en todos los demás casos que hemos señalado ya), desde el momento que el orgullo se mezcla, la ciencia y la misma luz pucdcn dañarlos. La ciencia es buena y la luz también; y no obstante, el hombre perece buscando la ciencia y los mitos perecen buscando la luz. Si nosotros que somos más frágiles que el mito no queremos aceptar esta pasta de misterio que nos es necesaria, nos perderemos como él. Aceptada con toda humildad, llega a ser para nosotros un motivo de placer, y pienso que todo espíritu bien equilibrado debería alegrarse, no tanto de que conociese algo claramente como de que comprenda que hay infinitamente más cosas que no puede conocer. Solo los orgullosos y los débiles pueden sentir esto, porque podemos siempre conocer más, si queremos, trabajando. Pero de lo que los humildes se regocijan sobre todo, creo yo, es de pensar que el viaje no tiene fin y que el tesoro es inagotable; ven todavía a la nube que marcha delante de ellos como una colina sin cima; saben que hasta el fin del tiempo, hasta el límite de la eternidad, seguirán apareciendo los misterios de su infinito, y que el velo que los oculta a sus ojos no es más que el signo y la condición necesarios a su inmensidad.

Sé que existe un misterio nefasto y un velo mortal −el misterio de la Gran Babilonia, el velo de los ojos y el alma−, pero no los confundamos con el glorioso de las cosas que los ángeles "aspiran a contemplar" o con el velo que, aun para la mirada más inteligente o el alma más intensa, no oculta menos las escondidas hojas del libro eterno.

Si descendemos de esta verdad a las verdades particular que no son más que su aplicación a los objetos menos elevados, comprobaremos que desde el momento en que uno se esfuerza sinceramente por ver todo lo que se puede ver de un objeto, llega un instante en que este noble velo se interpone. Algunos de nosotros podremos ver más que otros; pero no sentiremos más que no poder ver mejor. Cuanto más intensa es su percepción, más se multiplicarán ante sus ojos la multitud de cosas que no ven sino en parte. Pueden, por último, encontrar su más pura fuente de alegría en considerar esta parte velada de su horizonte, dejando o poniendo más o menos de relieve lo que les parezca que puede ser relativamente común todo lo que tal vez vean los demás, porque solo la mirada más habituada puede distinguir sus sombras y sus reflejos más sutiles. De la misma manera que un oído delicado percibe con alegría las más ligeras variaciones en un pasaje que puede parecer monótono por su cadencia o ininteligible por su complicación a un auditor vulgar, del mismo modo la mirada que percibe más, la vista más clara se place en seguir los velos grises de la sombra, los rayos errantes de la luz y las formas complejas y variables, desdeñando el detenerse en esos elementos más vulgares, que son tal vez todo lo que los demás pueden percibir de la escena.

Cuando el observador no es práctico, percibe bien que un hombre es un hombre, que un rostro es un rostro, pero no tiene ninguna idea de las sombras y de las luces que pasan sobre esta forma, sobre sus rasgos. Si adquiere cierto grado de desenvolvimiento artístico, verá bien las sombras, pero solamente las más vigorosas. Si trabaja más verá la luz en la luz y la sombra en la sombra, y rehusará el detenerse en lo que ha descubierto ya para dedicarse en perseguir os efecto más lejanos y sutiles. Acabará, en fin, por consagrar lo mejor de su atención y de sus energías a los efectos de graduación, que serán para un observador menos educado completamente indiferentes, admitiendo que pueda darse cuenta de ellos. Estas sutiles graduaciones han llegado a ser para él el elemento más importante de su objeto, de tal manera, que si éste es gradualmente alejado del que se separa, sin embargo, en último lugar, sería de él, aunque esta distancia sea infinitamente aumentada, de manera que no se pueda ya reconocer la naturaleza del objeto, se conservarán, no obstante, esas graduaciones de luz.

Tomemos, por ejemplo, un dibujo de Turner que representa la torre de una muralla de una ciudad suiza; el dibujo parece hecho a una distancia de media milla de la torre. Los contornos inteligibles –ventanas, cornisas y tejas– son, sin embargo, poco precisos, pero el artista ha indicado con el mayor cuidado su redondez y las relaciones exactas entre las luces y las sombras. Si Turner aumenta la distancia entre la torre y él, hará desaparecer gradualmente las ventanas y las piedras antes que sus sombras y el delicado centro de sus rayos luminosos. Llegará un momento en que la Naturaleza del objeto será completamente ininteligible, y no podremos afirmar que se trata de una torre. Las graduaciones de luz no existirán menos, y el verdadero artista pondrá todo su cuidado en reproducirlas, como el único objeto de su dibujo. Un pintor vulgar conservará ciertas líneas de la forma de la torre y se admirará su habilidad. Turner, por el contrario, deja que la torre se desvanezca en el aire, y no emplea menos de media hora para indicar estas últimas y sutiles graduaciones que pocas personas en Inglaterra, fuera de él, son capaces de ver.

"Pero Turner, ¿tiene razón al obrar así?"

Sí; porque esta es lo que pasa en realidad. Si seguís con los ojos un objeto que se pierde a lo lejos, veréis que disminuye gradualmente el vigor, la inteligibilidad, la anatomía de su estructura, todo su ser comprensible; pero no pierde *jamás* sus graduaciones de luz. Hasta el último minuto, la luz que le ilumina, un vago reflejo reducido a un punto, a una línea, permanece con multitud de cambios. Una parte de la superficie luminosa será más brillante que la otra, y la graduación entre la una y la otra será tan delicada, tan encantadora como cuando el objeto estaba completamente junto a nosotros. Aunque a una distancia de diez millas una cara blanca no se nos aparezca más que como una pequeña mancha cuadrada; aunque sus ventanas, puertas y tejado sean tan invisibles como si nunca hubieran existido, la graduación de su luz aparecerá perfectamente conservada; una parte de la mancha será más luminosa que la otra. ¿No guarda esto una significación profunda? En nuestro examen cotidiano de las cosas, pensamos que su estructura es su parte esencial. ¿Cuándo no nos parecen interesantes y útiles las ventanas, pórticos, canalones y cornisas? Cierto; son ellos los que constituyen los elementos más importantes de la casa.

No, no son ellos; más bien lo es el juego de luz celeste de su fachada. Llegará un tiempo, un lugar, en que perderemos de vista todas esas ventanas, todos esos pórticos, en que la sola pregunta que nos haremos será: "¿Cuál era su luz el? ¿Cuáles eran sus relaciones de sombra y luz con el cielo y la tierra y todos los objetos que rodeaban?" Puede haber contenido extraños caprichos, extrañas formas –más de una hendidura en sus muros, más de una irregularidad en su tejado–, o puede haber estado llena de encanto y nobleza, conteniendo bellas molduras y ornamentos. Pero llega un tiempo en que todas estas cosas son vanas, y en que la ligera y pasajera luz del sol, cuyo calor no sentía la cara, que no podía percibir un individuo de entre mil, llega a ser la única cosa que importa. Dejo al lector el cuidado de sacar él mismo las conclusiones de esta comparación.

"Pero –podría objetarse todavía– si esto es así, ¿por qué es necesario el insistir, como hacéis sobre la ejecución más minuciosa y escrupulosa?"

Porque si estas graduaciones de luz son todo lo que nos queda de un objeto que se pierde a lo lejos, cuando ese mismo objeto está cerca de nosotros, esas mismas

graduaciones no pueden ser bien percibidas más que por el efecto que ejercen sobre su carácter. Y no podéis mostrar la influencia que la luz ejerce sobre un objeto si no lo conocéis, ante todo, perfectamente. Lo que distingue a un misterio elevado de un misterio vil, es que el primero es un velo echado, entre nosotros y algo conocido, substancial, mientras que el segundo no es más que un velo echado sobre el caos, la artificiosa mascara de la Nada.

Y ved como estas conclusiones concuerdan con las que hemos alcanzado más arriba, y como podemos explicarnos fácilmente ahora el que tantas ilustres autoridades se hayan pronunciado contra las nubes y a favor de lo inteligible. Casi todos los grandes hombres deben ser inteligibles. Aun los más grandes no deben alcanzar la oscuridad más que a través de los campos de claridad, y si no pueden llegar a estas alturas, lo mejor que pueden hacer durante toda su vida es el permanecer inteligibles. Ésta es la causa de que la enorme mayoría de los hombres buenos y sinceros sean *claros*, mientras que la mayor parte de los sofistas y depravados vuelvan a caer en las tinieblas y permanezcan envueltos en lo oscuro, vago y fútil. Entretanto, de tiempo en tiempo, una vez cada dos siglos, aparecerá un genio que se elevará sobre la claridad y llegará a ser oscuro por exceso de luz.

"¿Pretenderéis, pues, que la tendencia nebulosa de esta época, comparada con la antigua tendencia claridad de la pintura religiosa, es en suma, decadente, pero que Turner es ese genio único que ha ido mucho más allá de la claridad ?"

Sí; con algunas reservas, eso es lo que quiero decir. Pero necesitaremos algún tiempo para precisar estas reservas.

Ante todo, será falso el condenar a todo pintor secundario por el solo hecho que sea oscuro. Copley Fielding, por ejemplo, era un artista secundario, pero su amor por la oscuridad de las nubes, por la niebla en las colinas, no era menos espontáneo, lleno le dulzura y de feliz entusiasmo. Los espíritus sencillos pueden escoger así un poco de la luz de los misterios más sublimes, si abren su corazón.

Sería igualmente falso el considerar a un artista como un gran hombre por el solo hecho de que sea claro, porque hay una dura y vulgar inteligibilidad tan completamente vacía como la peor ambigüedad. Y de la misma manera que en la conversación un hombre que hable mal e indistintamente; puede, sin embargo, decir muy bellas cosas, mientras que otro que hable de un modo vigoroso y claro merece apenas ser escuchado, así en pintura puede haber artistas que no sepan expresar sino torpemente y no tener por eso menos que expresar, mientras que otros que expresen con gran precisión no producen más que obras impertinentes y falaces. Comparado con los Carrachi, sir Joshua Reynolds parece lleno de brumas e imperfecciones, pero un sir Joshua no deja de valer menos que todos los Carrachi de Europa. Y entre nuestros acuarelistas modernos existe más de un artista perfectamente claro y definido, del que todas las obras no valen lo que una sola mancha salida del pincel de Cox o de Barrett.

Permitidme que os ofrezca un último ejemplo, que podrá ser igualmente de cierta utilidad histórica, para definir las relaciones de las dos escuelas.

En nuestra información sobre paisaje griego, hemos notado la predilección que Homero experimenta por el álamo. En honor de Homero y de los griegos, yo tomaré, pues, al álamo como objeto de comparación, y examinaré las diferentes maneras en que ha sido o hubiera podido ser representado desde los principios del arte del paisaje hasta la época actual.

La primera manera que entra en el campo de nuestro estudio es la adoptada en el siglo XIII. Entre las láminas de mi colección tengo una que data seguramente de los años de 1250 a 1272, y representa uno de los álamos del bosque en que Absalón fue muerto, teniendo también la encina con las ramas en que Absalón es suspendido y un sicomoro. Estos árboles son aun de un tipo más convencional que el que se adoptaba ordinariamente en esta época; son característicos de la manera primitiva. Hasta cuarenta años después los artistas no ofrecen alguna exactitud botánica; no puedo, por consiguiente, estar absolutamente seguro, no siendo la hoja suficientemente aplanada en su base, de que ese árbol represente un álamo. Este dibujo presenta el carácter definido y simétrico del arte primitivo. Esta simetría, notémoslo bien, no es, sin embargo, jamás uniforme. Este árbol, a pesar de la apariencia convencional que presenta en el dibujo citado, no deja de contener dos ramas desiguales en la parte alta del tronco.

Nos representa la primera condición del arte medieval, que reposa sobre una simetría limitada, pero no obstante variada, una claridad absoluta y un amor por la Naturaleza más o menos ligado por el formalismo y la falta de conocimientos. En el manuscrito Cotton, Augustos, A. S., que data del siglo XVI, aparece un álamo que indica la según da condición del arte medieval, en que el esfuerzo hecho por el artista para imitar fielmente la Naturaleza rivaliza con el tipo convencional. No puedo tener ninguna duda respecto a la especie a que pertenece el árbol representado, porque desde el principio al fin del manuscrito el iluminador ha distinguido en el mismo cuidadosamente a la encina, el sauce y el álamo entre sí. Aunque muy pequeño, este dibujo caracteriza las ramificaciones del álamo, y desde este punto de vista, toda especie de ramificación; el árbol se divide en dos partes, que se dirigen hacia afuera, sin cruzarse. Cada vez, en efecto, que un árbol se divide en dos o tres ramas casi iguales, las ramas secundarias nacen siempre sobre las ramas principales, de la misma manera que cuando un árbol crece al pie de una roca, de un muro, se desvía siempre y no se aproxima nunca. Ese dibujo caracteriza suficientemente la manera purista al terminar la Edad Media, aunque la tendencia naturalista sea más acentuada de lo que lo era ordinariamente en esta época. Turner, en las viñetas con que ilustra los poemas de Rogers, tiene la costumbre de agrupar a sus árboles, de manera que es difícil encontrar uno en una pequeña escala que esté aislado y caracterice su forma.

La principal diferencia que distingue al álamo turneriano del purista, reside en la ligereza y confusión del follaje, en la expresión de la masa esférica del árbol que, tanto a la manera purista como a la primitiva, le falta relieve. Toda tentativa para reproducir las hojas separadamente ha desaparecido, pero la dirección de la luz y sus graduaciones están fielmente observadas.

Harding posee un croquis al lápiz en el que la vida y la verdad, obtenidas en algunos según dos de trabajo, son inimitables; pero este dibujo no deja de ofrecer los primeros rasgos de la falta de cuidado y de precisión que ha invadido la escuela moderna. Las ramas, aunque bien tomadas, no están perfectamente dibujadas ni redondeadas, y aunque el conjunto del árbol está bien representado, la palpitación y transparencia del follaje no existen ya. El método de trabajo de Harding se opone además a la expresión de estas últimas verdades; su ejecución, que *en su género* no puede ser igualada, aparece seriamente limitada a causa de ese falso prejuicio que consiste en decir que nada debe dibujarse delicadamente y que un método de trabajo no puede ser bueno si da por resultado algo más que un agradable bosquejo.

El álamo de Harding se inclina ya a un lado, ya al otro; el agreste amor de lo pintoresco del modernismo está en oposición a la serena y rígida dignidad del purismo, ocupando Turner un lugar intermedio entre estos dos extremos.

M. Leslie presenta un álamo de Constable en su libro *Life of Constable*, cuyo dibujo no tiene ningún valor; el árbol es tan aplanado como el álamo purista; además sus ramificaciones están enteramente falseadas; es fútil y no representa ninguna claridad, desde cualquier punto de vista que se le considere. Puédese, sin embargo, distinguir que clase de árbol ha querido pintar el artista. El último grado de la decadencia modernista no se ha alcanzado todavía. Sigue ordinariamente en nuestras acuarelas. En ellas no podemos reconocer la naturaleza del árbol, y la ignorancia más completa preside su ejecución. Así, de la extrema claridad, de la extrema luminosidad del siglo XIII (en plenas "tinieblas de la Edad Media"), pasamos a la extrema incertidumbre, a la extrema oscuridad de; mediados del siglo XIX.

Temo haber fatigado al lector, pero existe todavía, sin embargo, un punto sobre el cual es necesario insistir antes de concluir, que concierne al misterio que existe en la *claridad en sí misma*. Cuando ante un crepúsculo italiano se alza la cumbre de los Alpes occidentales, a una distancia de sesenta a ochenta millas, y recorta sus contornos con dientes de sierra de un azul oscuro sobre el rojo transparente del cielo, existe todavía algo imposible de hallar, un misterio que no es oculta do por ninguna nube, un infinito desconocido, sin que tengamos la impresión de que un veló se interpone entre él y nosotros. No estamos separados de él por ninguna pasión, ninguna tempestad, ningún vapor vano y fugitivo: nada más que por el profundo infinito de la misma cosa. A los grandes pintores religiosos les gustaba el representar este infinito desconocido –solamente a ellos–, y me parece que aunque hubieran podido hacerlo, no hubiesen puesto ninguna neblina rosa, ninguna sombra azul detrás de sus figuras sagradas, y no hubieran pintado ahora y siempre, más que el cielo lejano y las montañas claras. Es necesario, sin duda, asegurar que los misterios claros son tan elevados como los misterios nebulosos, pero que la belleza de las guirnaldas pardas, que se enlazan sobre las colinas herbáceas cubiertas de rocío y de nubes violetas del atardecer, y de cintas de brumas fantásticas que se deslizan a través de los bosques de pinos y envuelven en sueños las columnas de las cascadas, iluminadas con los colores del arco iris, esta belleza pertenece más bien al género del gozo que pudiéramos obtener del conocimiento imperfecto de esta vida terrestre, mientras que los misterios serenos y sin nubes simbolizan la felicidad de la vida de los elegidos.